JN059568

人的資本経営のマネジメント

人と組織の見える化とその開示

一守 靖 Ichimori Yasushi ［著］

中央経済社

はしがき

今から15年くらい前，筆者がアメリカに本社を置くIT企業の日本法人に勤務していた時の話です。

その日も筆者はいつものようにオフィスに行き，パソコンを立ち上げ，夜中のうちにアメリカ本社から届いていたメールのチェックをしていました。

「重要度：高」とされていたメールの内容は，以下の通り，その年の人的資本計画（Human Capital Plan）についてでした。

このメッセージは“重要度 - 高”で送信されました。

From: xxxx
To: xxxx
Subject: Human Capital Plan（人的資本計画）について

今年のHuman Capital Planは以下の通りになりました。
・Right People（適材を）
・at the Right Cost and Time（適切な費用とタイミングで）
・in the Right Place（適切な場所に配置する）

ついては，以下の指標に基づき各国のオフィスにおいて状況を測定して必要な対策を講じて報告してください。

・Right Peopleを測る指標
多様性：女性採用率，障がい者採用率
適正なスキル：新スキルの獲得，リーダーシップコースの受講率
採用：新卒採用率，採用充足率，内部登用率

退職：キータレントの退職率，新入社員の退職率

・Right Cost and Timeを測る指標
総労働コスト：総人件費，従業員１人当たりコスト
生産性：売上高総人件費比率，売上総利益総人件費比率
組織構造：管理職比率，組織階層の数
報酬戦略：株式を利用した制度が活用されているか

・Right Placeを測る指標
従業員の構成：雇用形態別従業員の割合
地理的配置：国内・国外における労働力の割合

ほぼ毎年同様の指示が来るので，私が勤務していた日本法人ではすでに上記の多くは定期的に調査してありました。そこで，国内各事業部の責任者に連絡し，過年度の数値を見ながらその年の目標を定め，事業部のトップやラインマネージャーとともに数値目標の達成に向けて取り組みを行いました。

ニューヨーク州立大学のブライアン・ベッカー（Brian Becker）教授らが人的資本の測定について書いた『HRスコアカード』という本を刊行したのが2001年，スタンフォード大学ビジネススクールのジェフリー・フェファー（Jeffrey Pfeffer）教授がその著書で事実に基づく経営の重要さを主張したのが2006年ですので，欧米企業ではその当時からすでに人的資本を測定して自社の人材マネジメントに活用していたのです。

それ以来筆者はいくつかの企業で人事部門の責任者を務めましたが，その人材マネジメントの根底に常にあったのは，組織内の人的資本の状況を“見える化”し，クルマのダッシュボードにある計器のようにその動きを指針としながら企業戦略の実現を支える人材マネジメント施策を講じていくことでした。

こうした経験をもとに，近い将来，企業の人事担当者向けに人的資本の測定と開示に関する考え方をまとめて紹介しようと考えていた折，これに関連して

２つの大きな動きが加速してきました。

１つめは，いわゆる「HRテック」の導入企業が拡大している動きです。

HRテックとは，企業内の人や組織の情報をコンピュータによって収集・管理し，事務の効率化を図るだけではなく，採用から配置，人材育成，評価といった人材マネジメント全般に活用し，企業経営に役立てるというものです。

DX（デジタル・トランスフォーメーション）と同様に，多くの時間とコストをかけてHRテックを導入しても十分に活用されないままになってしまう場合があります。それは，HRテック導入の目的である，人的資本の活用についての考えが曖昧だからです。

筆者は，HRテックの流れ自体は素晴らしいことだと考えています。そこで人事部門の方々にHRテックを活用する前提となる人的資本について学んでいただきたいという想いを強く持つようになりました。

２つめは，産業構造の転換や企業経営を取り巻く不確実性の増大により，価値創造や競争優位の源泉としての人的資本の重要性が高まっており，先行した欧米に追い付くべく，日本でも人的資本可視化の指針策定や人的資本経営の実践に関する企業間協力の促進などを目的としたコンソーシアム設立等，様々な取り組みが進められています。

そこで，これに対応する実務家に向けて，人的資本の測定と開示に関して，どのような指標についてデータを整理し，どのように組織内で活用できるのか，開示を含めた各プロセスでの注意点やポイントをわかりやすく示す必要があると考えました。

本書の中でも度々触れていますが，人的資本は自らの組織を取り巻く状況に応じて強化すべき，あるいは改善すべきポイントが異なります。要は，カスタムメイドの世界なのです。したがって，本書を読むにあたっては，ぜひとも皆さんの組織の状況を念頭に入れながら読み進めていただければと思います。

また，読者の方々の多様なニーズにお応えするために，本書はどの章からでもお読みいただける構成にしています。先進企業の事例から読んでいただいても結構ですし，関心のある領域の指標から読んでいただいても構いません。

本書を通して，組織の持続的な成長の源となる人的資本について，そしてその測定と開示について，読者の方々の理解が深まれば誠に幸いです。

本書は，筆者が長年にわたりアカデミックと企業実務の両方に関わってきた経験を活かして，学術的な内容・記述も含んでいますが，それ以上に実務的に役立つ内容を心掛けましたので，読者の皆さんの組織における日々のマネジメントにぜひともご活用ください。

2022年９月

新潟の勤務先にて

一守　靖

目　次

第3章 人的資本経営と戦略的人材マネジメント

第4章 人的資本経営は企業価値を向上させるのか

第 5 章
人的資本の測定と評価 ―― 63

第 1 章

なぜいま人的資本経営が必要なのか

1 知的資本と人的資本

人的資本という概念は，教育と経済発展に関するシュルツの研究（Schultz, 1961）や会計学でのハーマンソンの研究（Hermanson, 1964）によって始まりました。以来，60年以上にわたって広く議論され続けています。

シュルツは，同じ人種，年齢，性別の労働者の中で賃金の差が生じる理由を，教育や健康の差から説明しました。人々が技術や知識を習得することや健康管理にお金を使うことを人という資本への投資と捉え，人への投資が労働者１人当たりの実質所得を目覚ましく上昇させると主張したのです。

またハーマンソンは，企業内に存在する人やブランド，顧客との関係といった財務諸表上に現れない資産を測定するための人的資本会計（Human Resource Accounting：HRA）という会計学の分野で，人的資本の価値を測定する会計モデルを発表しました。これがHRA研究における最初の論文であるといわれています。

変化が速く，不確実，複雑で曖昧な世界において，知的資本（Intellectual capital）の重要性がますます高まっています。

ニューヨーク大学ビジネススクールの調査によると，1990年以前は企業価値の75%～90%は企業の財務実績によって予測できていましたが，1990年以降はこの割合が50%程度にまで低下しているといいます。

つまり，**企業の将来の価値を予測するには，企業が保有する，財務諸表には載らない「何か」を把握する必要があるのです。その「何か」が知的資本といわれるものです。**

例えばモーリスンら（Mouritsen et al., 2004）は，知的資本を「従業員」，「顧客・パートナー」，「社内プロセス」，「技術」の４つに分類して説明しています（**図表１－１**）。

図表１－１　モーリスンらによる知的資本の４分類

分　類	内　　容
従業員 （人的資本）	スキル（訓練や経験によって培われた熟練度），能力（物事を成し遂げることができる資質），教育レベル，モチベーション，コミットメント，適応しようとする意志など
顧客・パートナー （顧客資本）	顧客やサプライヤーとの関係，ユーザーや顧客のニーズに対する洞察，製品開発におけるユーザーとの協力の度合い
社内プロセス （組織資本）	革新を生み出す社内プロセス，品質を作りこむ手順，組織を管理・統治するプロセス，社内の情報を扱うためのメカニズム
技術 （技術資本）	特許，ソフトウェアおよびハードウェア，ITコンピテンシー

出所：Mouritsen et al.（2004）pp.46-54をもとに筆者作成

リードビーター（Leadbeater, 2000）は，知的資本が適切に開示されない場合のリスクとして，次の５点を指摘しました。

第１は，インサイダー取引のリスクです。

社内の知的資産や従業員の能力は，適切な方法で開示されない限り社内の人だけが知り得る情報です。

例えば製品開発型の企業では，今後開発を予定している未公表の製品情報に関して，内部関係者の方が外部の投資家などよりもはるかに簡単に入手できます。このような情報の非対称性は，インサイダー取引を生み出す可能性につながります。

第２は，企業が資金を調達する際のコストが上昇するリスクです。

投資家や銀行が担保と見なすことのできる有形資産が少ない企業は，どんなに競争優位性のある無形資産をたくさん保有していても，その価値を測定し，開示して価値を認められなければ投資家や銀行からの資金調達がしにくくなる可能性があります。

第３は，情報開示の規制が整備されないリスクです。

知的資本の開示が一般的にならなければ，情報開示のルールが整備されません。すると，それぞれの企業が独自の尺度で情報を測定・開示することになります。その際，企業には自社の状況を投資家に良く見せようとするインセンティブが働きます。それにより投資家が企業の価値を過大評価し，誤った投資判断につなげてしまう可能性が生じます。

第４は，働く人がやる気を失くしてしまうリスクです。

これまでの財務会計では，企業の利益は製品やサービスがもたらすものであり，従業員はそのためのコストという認識でした。ゆえに，利益を拡大するために，従業員の人員削減が選択肢になってきました。人的資本の測定と開示によって従業員の企業業績に対する貢献度が適切に把握されなければ，従業員は企業に対して貢献したいという気持ちを失ってしまうでしょう。

第５のリスクは，株価の大きな変動を引き起こすリスクです。

近年，企業の財務諸表では予測できない「何か」を過大評価した投資家によって吊り上げられた株価が，現実を知って失望売りした投資家によって暴落する，という現象が生じやすくなっています。こうした株価の急激な変動は，健全な株式市場の発達にとって良い影響はもたらしません。

こうした問題に早い段階から気づいて知的資本の測定と開示に取り組んできた国の１つがデンマークです（Danish Ministry of Sciences Technology and Innovation, 2003）。

例えばブークら（Bukh et al., 2001）は，デンマークの19の企業における「知的資本報告書」の作成への取組みとその内容について調査しました。

その結果，すべての企業において，「知的資本報告書」作成のプロジェクトに経営トップが強く関与していたことがわかりました。「知的資本報告書」の形式や内容にはばらつきがあり一定のモデルは見られませんでした。一方，各企業とも，企業の現在価値を開示するのではなく，企業の将来価値を開示しようとしていた点に共通点があることがわかりました。

2 見えない資本を“見える化”する

優秀な人材の採用競争がますます加速する中，従業員を企業に惹きつけ，退職を防ぐために，「組織コミットメント」という概念が注目されています。

組織コミットメントとは，例えば服部（2020）は，①個人が組織の価値観や目標に共感し，強い信頼感を持ってそれらを受け入れること，②組織のために努力しようとする強い意欲を持つこと，③組織のメンバーシップを維持する強い願望を持つこと，と定義しています。

様々な研究から，**組織コミットメントの向上は，企業の収益性向上の先行指標となることがわかっています。**

組織コミットメントに限らず，我々は経験上，組織の文化や企業トップのリーダーシップ，従業員の多様性など人や組織に関する様々な目に見えない資本が企業の業績向上に強い影響を与えていることを感じています（**図表1－2**）。

ウルリッチ（Ulrich, 1998）は，企業の従業員に対する投資がその金額以上の効果につながっているかどうかを確認するために「インタンジブル利益率（Return on Intangibles）」の測定を提唱しています。

「インタンジブル」とは，リーダーの行動や従業員のスキルなど，企業における目に見えない資本のことです。

例えば，企業のトップが投資家から支持されれば企業価値が高まります。反対に企業のトップが投資家からの信頼を失ったときには企業価値が大きく損なわれます。こうした現象は，その一例です。

企業のトップが投資家から信頼を失う典型的な例は，本人あるいは従業員が倫理的な違反をした場合です。

図表１－２　見えない資本と企業業績

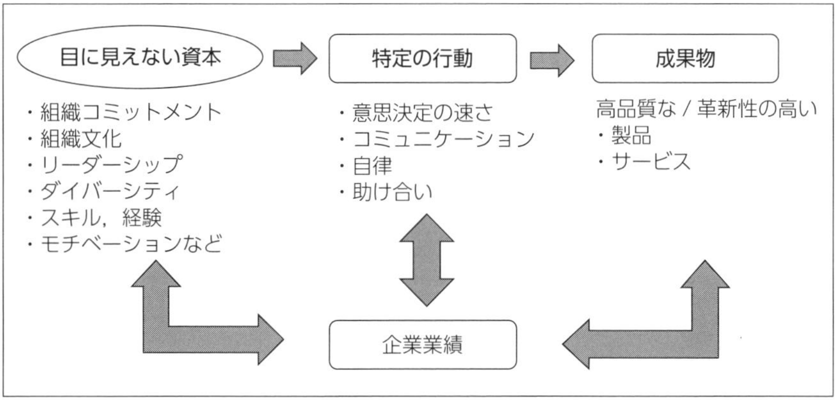

出所：筆者作成

エンロンの不祥事を覚えていらっしゃる方は多いでしょう。エンロンは，かつてアメリカのテキサス州ヒューストンに存在した，総合エネルギー企業です。

同社はデリバティブなどの高度な金融技術とITを駆使したビジネスモデルによって急成長し，2000年度の年間売上高が全米第７位という優良企業でした。2001年初めにアナリストが同社の年次報告書で示された会計に疑問を呈し，SEC（米国証券取引委員会）が調査を行った結果，同社の不正会計が発覚，同社の株価は急落し，その後米連邦破産法第11条の申請を余儀なくされました。

企業が生み出す付加価値の多くは，知的資本などの目に見えない資本から生み出されるという議論が盛んになったのはこの事件の前後からです。

世界有数の自動車メーカーであるフォルクスワーゲン社もまた，倫理的な違反によって企業価値を大きく下落させた企業の１つです。

2015年９月に米国環境保護庁（EPA）の調査で発覚した同社の不正は，エンジンから排出される窒素酸化物などの有害物質の量を減らすために，エンジンを改良する代わりにソフトウェアを用いて排ガス規制を不正にクリアしていたものでした。この不正発覚以降，同社の企業価値は急落したのです。

3　事実ベースの人材マネジメント

フェファーとサットン（Pfeffer & Sutton, 2006）は，これまで人と組織のマネジメントがあまりにも「半分だけは正しいが，半分は間違っている」という常識を深く信じて実行してきたことに対して警告を鳴らしました。

彼らは，企業の経営者や担当者が使おうとしている経営手法は，それが適用される企業や人の現状と食い違っていたり，時には全く相反する場合さえあるということに対して，疑問を感じていました。彼らは，企業の経営者や担当者が各種のセミナーや書籍，コンサルタントが勧める手法を鵜呑みにして実行してしまう状況を「知らないで行動する問題」と呼びました。

フェファーらは企業で頻繁にみられる失敗例として，「他社で成功した事例をベストプラクティスとしてそのまま自社にも導入すること」，「過去に自社で成功した（ように見える）ことを真似すること」，「世の中で広く信じられてはいるが，実はきちんと検証されていない考え方を鵜呑みにすること」をあげています。

同様に，日系大手流通企業の人事部長の経験もある大手前大学学長の平野光俊氏は「人事は流行に従う」という表現を用いて，企業の人事部門が流行の人事制度をそのまま自社に取り入れた結果，どの企業も似通った人事制度に収斂していく現象を指摘しています。

企業における最近のHRテック導入の動きも流行に従ったものといえなくもありません。しかしながら，企業が持つ人事データをITの力で収集・加工することによって企業の人と組織を“見える化”し，経営に役立てようとする動きは，フェファーらが主張した「エビデンス・ベースド・マネジメント」（Evidence -Based Management）を実践する動きとして歓迎すべきものです。

言うまでもありませんが，**HRテック導入の目的は人と組織の可視化そのものではなく，可視化された情報を使って企業経営に活かすことにあります。**

レヴェンソン（Levenson, 2005）は，「HRアナリティクス」，すなわち人や組織を分析する技術を習得することによって，企業の人事部門は経営層にとって真の戦略的パートナーになることができると主張しています。

ブードローとラムスタッド（Boudreau and Ramstad, 2005）も，企業の人事部員がこれから習得すべき重要なスキルとして，構想力，情報収集力，データ解析力をあげています。彼らはこれをディシジョン・サイエンス（Decision Science）と呼んでいます。

企業の中での人材の多様化が進む中，多様な人々がその多様なバックグラウンドをもとにアイデアを出し合うようになった場合，その中から正しいと思うものを選択して意思決定する際のモノサシとして，やはりデータが示す「事実」に基づくことが大切になるのです（**図表１－３**）。

図表１－３　事実ベースの人材マネジメント

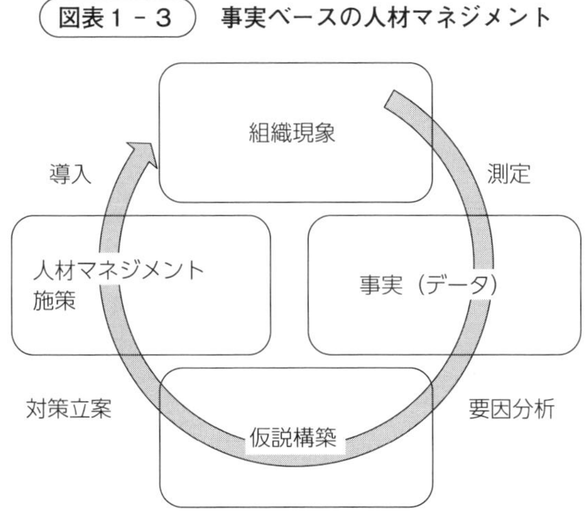

出所：筆者作成

4　埋もれた情報を活かす

人的資本をタイムリーに，そして継続的に把握することは投資家，株主，潜在顧客や将来の従業員候補といった社外のステークホルダーにとって重要であるばかりでなく，社内にとっても非常に有用です。

テクノロジーの発達によってHRテックという分野が注目を集めています。

人事関連分野に限らず，新しいシステムが開発されると，コンサルティング会社などはそれをこぞって企業に売り込みます。すると，企業の担当者は他社に乗り遅れまいとシステム導入に取り掛かります。次第にシステムの導入自体が目的となってしまい，導入しただけで十分にシステムが活用されないという事態がしばしば生じます。

こうした事態を防ぐには，HRテックを導入する以前に，自社ではどのような人的資本の測定が重要なのか，それはなぜか，それを測定し開示することによってどのような価値を誰に提供しようとしているのか，どのくらいの頻度で測定すべきなのか，そして把握した情報に応じてタイムリーに対応策が打てる体制づくりができているのかなど，様々なことに気を配る必要があります。

こうして書くと，人的資本の測定と開示は，上場企業，あるいは投資家の目に留まるような選ばれた企業，あるいはHRテック導入のための資金やスタッフが潤沢な企業に限られると思うかもしれません。しかしそれは間違いです。**企業はすでに，創業当初から，法律等によって課せられている各種の情報を蓄積しているのです。**

例えば従業員名簿はその典型的な例です。労働基準法第107条では，企業に対し，従業員の氏名や生年月日などといった様々な情報を含んだ従業員名簿を事業所ごとに作成，保管するよう義務付けています。この労働者名簿は遅延なく更新することが求められており，さらに３年間保存することが義務付けられています。

この他にも，「賃金台帳」と「出勤簿」を合わせて「法定三帳簿」といい，企業はこれらを整備し，保管する義務があります。

さらに，企業は年に一回の法定健康診断の結果をまとめて産業医や厚生労働省に報告しています。従業員の採用を行っている企業は，応募状況や採用活動の進捗状況を何らかの方法で管理しているでしょう。

このように，日本のほとんどの企業は，自社内に貴重な人的資本に関わるデータを保有しているのです。

したがって，様々な人的資本の情報を“見える化”するにあたり，HRテックを導入していないから，あるいは予算がないからできない，ということは理由になりません。

すでにHRテックを導入済の企業においては，そこで収集された情報を経営に活かすための，スキルの強化が必要になります。

HRテックは，これからますます進化して，より安いコストで高度な機能を有するようになると思われます。しかしながら，現時点では，例えば基本的な従業員情報は従業員のデータベースに，勤怠情報と賃金情報は給与のデータベースに，採用活動は採用活動専用のデータベースに，といったように，用途に応じて異なるシステムを使っている企業が多いのではないでしょうか。

最近では，企業内ですでに導入済のそれぞれのシステムに保有している人事情報をあらかじめ設計されたフォーマットにインプットすれば，その集約データをもとにして各種の人的資本指標がアウトプットとして出てくる，といったサービスも生まれています。

人的資本の情報を収集し，集計する作業自体は，労力はかかるものの付加価値は生み出しません。

企業が時間を費やして考えるべき点は，自社の人的資本のうち何を測定し管理していくことが自社の持続的な成長につながるのかという点と，把握した人的資本の情報を適切に分析して人的資本の強化につながる適切な取り組みを行う点にあるのです。

5　誰が指標を活用すべきか

測定された人的資本の指標を活用すべきは誰なのでしょうか。

最初に触れておくべき指標の活用主体は，一般株主を含む投資家です。

投資先の人的資本の主要指標を把握し，必要に応じて投資先企業と競合する企業のそれと比較することにより，自らが投資している，あるいはこれから投資を考えている企業に対してより自信を持って投資の意思決定を行うことができます。

実際，投資家の人的資本に対する関心は高まっています。

経済産業省（2020）によれば，株主総会の場で人事・労務に関する質問を受けた企業数は，直近10年で２倍になっています。さらに，企業の調査の際に人材戦略について対話する方針を示している機関投資家も増加しています。

生命保険協会（2021）でも，投資家が最も着目する企業情報は人材投資に関する情報で，その理由として「人材投資をしている企業は将来性が期待できるから」，「人材投資をしている企業は優秀な人材確保が期待できるから」という理由があげられています。

次に，企業の取引先も指標の活用主体といえます。

近年，「持続可能な開発目標」（Sustainable Development Goals；SDGs）への関心の高まりを背景にCSR調達に取り組む企業が増加しています。

この取り組みは，企業が製品や資材等を調達する際に，QCD（品質・価格・納期）といった伝統的な調達基準に加えて，環境・労働環境・人権などへの対応状況を基準に追加することで，調達活動を通して社会的責任を果たそうとする取り組みです。

筆者は，この考え方と同様に，**人という資本の強化に真摯に取り組む企業との取引を意識することで，経営活動を通して社会的責任を果たす企業が増えてくるのではないか**と考えています。

一方，社内で人的資本の情報を活用すべき第１の主体は，人事部門です。

企業の人事部門は，人事戦略を立案し，それに基づき測定すべき人的資本を選択し，測定・分析し，その強化をリードする役割を担っています。

人事部門には，筆者が「アドミン人事」と呼んでいる，社内の人事関連手続きに時間と労力のほとんどを費やす人事部門と，「戦略パートナー人事」と呼ぶ，企業の戦略実現や経営課題の解決を人事のプロの観点から取り組むことに多くの時間と労力を費やす人事部門があります。

経営者からの指示に従って人的資本を測定するだけに留まるのか（アドミン人事），企業にとって必要な人的資本の選定を経営者に提言し，それらの測定値を分析して企業の持続的成長のために手を打つのか（戦略パートナー人事），人事部門がどちらを目指すべきかは明らかでしょう。

ウルリッチ（Ulrich, 1998）は，企業の人事部門は組織にとって重要な人的資本を定義し，評価し，投資し，改善する役割を担っており，そのため人事担当者は人的資本の開示を求めているのは誰なのか，なぜ彼らが自社の人と組織に投資するのかを理解する必要があると指摘しています。

第２の主体は，企業の経営者です。

以下は，筆者が学んだビジネススクールで教鞭を執られていた，ベンチャー企業の創業者でもあったある教授から聞いた話です。

> ベンチャー企業は，ビジネスが軌道に乗るまでは毎日嵐の中を飛行する，小さな飛行機のようなものです。
>
> ベンチャー企業の経営を軌道に乗せるためには，対応しなければならない問題が山積みであり，毎日会社に寝泊まりしながら，まずは会社のどこで何が起きているかを１m先も見えない雲の中，できるだけ把握して，なんとしてもこのベンチャー企業という不安定な飛行機が落ちないように支える必要がありました。
>
> そのために頼ったのは，飛行機を操縦するのと同じ様に，様々な計器に目を配ることであり，それまでの自分のビジネスマンとしての経験を総動

> 員して重要な経営指標を随時更新して企業の状況を把握する日が続きました。
>
> 操縦席の前に広がる景色は雲に覆われていて見えなくても，主要な指標が異常値を示さなければ飛行機は墜落しない。それを信じて計器を睨み続けてきたのです。

こうしてこの経営者は，製品やサービスの開発状況，財務状況やプロジェクトの進行状況などの「目に見える」指標とともに，人的資本などの「目に見えない」指標も可能な限り見える化して目を配り，嵐の中を飛び抜けて，この「小さな飛行機」を上場企業にしたのです。

筆者は，企業の人事部門や経営者に加えて，企業内で人的資本に関する指標を活用すべき第3の主体として，ラインマネージャー（部下を持つ管理職）が重要であると考えています。

なぜならば，企業で働く従業員と最も近い距離で働くのは，組織のラインマネージャーだからです。ラインマネージャーは，企業と従業員を繋ぐ存在でもあります。

ニシイとライト（Nishii and Wright, 2008）は，人事制度の導入にあたって企業側が意図した目的や内容と実際に現場で認識された目的や内容の解釈にはしばしばズレが生じ，そのため実際の運用が会社側の意図したとおりにならないことがよくあるため，人事制度の導入にあたっては導入時のコミュニケーションが非常に重要であることを指摘しています。

人事制度の設計・導入に責任を持つのが人事部門であり，現場でその運用に責任を持つのはラインマネージャーです。すなわちこの指摘は，ラインマネージャーが自社の人的資本に関する情報を正確に理解して部下である従業員に正しく伝えることの重要性を示唆しています。

また，ハルトーグら（Hartog et al., 2013）は，人事施策に関するラインマネージャーから部下へのコミュニケーションの質に注目しました。

彼らは調査の結果，人事施策に関してラインマネージャーから部下へコミュニケーションする際に，情報量が多く，有用で，明確であると部下が感じた場合に，ラインマネージャーが感じる人事施策に対する評価と部下が感じる人事施策に対する評価が一致することを明らかにしました。

このことは，**企業が開示する人的資本の情報をラインマネージャーが正しく理解して正しく従業員に伝えることによって，従業員と課題を共有し，人的資本の強化に向けた行動につながる**ことを示唆しています。

このように，人的資本に関する情報は社内外の様々な立場から参照されます。ただし当然のことながら，それぞれの立場の違いによって，人的資本のどのような点に関心を持つかは異なります。

例えばリンら（Lynn et al., 2010）は，オーストラリアの上場企業の経営者49名とファンドマネジメント会社の投資家33名に対して調査を行い，人的資本の各指標の重要性について，経営者と投資家では異なる視点を持っていることを明らかにしました。

この調査によると，経営者は投資家よりも，正規や非正規といった従業員の構成に関する情報が企業経営にとって重要であると認識していました。逆に投資家は経営者よりも，組織の生産性，収益性，革新性の代替指標としての，例えば，従業員の平均勤続年数，離職率，満足度についての情報が投資判断にとって重要であると認識していました。

したがって，**人的資本の測定と開示についてのデザインを行う企業の担当者は，どのような目的で，誰のために，何を，どのような形式で，どのような頻度で伝えるか，という点を入念に設計する必要がある**のです。

6　本書の構成

本書は６つの章から成り立っています。

本章に続く第２章は，３つのパートに分けられます。

第１のパートでは，人的資本の定義を確認したうえで，人的資本の測定と開示に関する各国のこれまでの取組みを振り返ります。

第２のパートでは，日本型雇用システムと人的資本との関係について解説します。ここでは，日本型雇用システムの特徴を振り返った後，日本企業において現在もなお主流である年功賃金を人的資本理論から説明します。

第３のパートでは，欧米型雇用システムと人的資本との関係について解説します。ここでは欧米型雇用システムの特徴を振り返った後，最近の労働経済学で議論され始めた「職種特殊的能力」という考え方を紹介します。

第３章では，人的資本経営と戦略的人材マネジメントの関係について論じます。

我が国の「コーポレートガバナンス・コード」は，企業戦略と人材マネジメント戦略の結びつきの重要性が強調されています。これはまさしく「戦略的人材マネジメント（Strategic Human Resource Management；SHRM）」の考えと同一線上にあります（なお，Human Resource Managementの日本語訳として「人的資源管理」という訳語が一般的ですが，「Management」という言葉が持つ，より能動的であり相互作用的な意味合いを表現するため，本書ではあえて「人材マネジメント」という用語を使用しています）。

第４章では，主に欧米の先行研究を通して「人的資本経営は企業価値を向上させるのか」という問いについて考えたいと思います。

いま人的資本経営が注目されているのは，人的資本に関連する指標を通して企業が自社の人と組織の状態を“見える化”し，必要な対策を打つことによって人的資本の質を高め，それが企業の持続的な成長に結びつくという期待があるからに他ならないためです。

続く第５章は，本書の実践編とでもいうべき部分です。

この章では人的資本を測定する指標について，ISOのガイドラインに軸足を置きながら，ISOのガイドラインでは触れられていない指標も多数紹介し，解説します。本書で紹介する指標は単なる知識としてではなく，実際にビジネスの現場で使われることによって意味があるものです。

第６章では，先進企業の取組み事例として，日本ではまだ人的資本情報の開示義務がないうちからその測定と開示の重要性を理解して取り組んでいる企業の事例を紹介します。さらに事例からの学びをもとに，人的資本の開示と測定についての考え方をモデルにして示しました。

ぜひこの本を手に取ったその日から，人的資本の測定について戦略を練ってください。そして，ひとたび情報を収集・測定したならば，以後継続的にその情報を更新・蓄積することにより，人的資本が常に生きた情報として把握できるようにしていただきたいと願います。その上で必要なアクションを講じて，人や組織がより成長し，より元気になり，ひいては持続的な企業価値の向上につながること，これが本書のパーパス（存在価値）といえます。

本書は，人的資本の代表的な指標や企業での取り組みといった実務的にすぐ使える情報と共に，アカデミックな内容も紹介しています。

人的資本について経営者の方々の頭にまず浮かぶのは「それって業績向上に結びつくの？」という疑問だと思います。

実は，**人的資本の強化が企業業績の向上につながる研究やそのメカニズムの研究等，この分野は海外における研究がかなり蓄積されている**のです。

こうした先行研究の成果を理解していただくことによって，これから皆さんが各組織の人的資本を高めるための取り組みを行うにあたり，そのイメージがよりクリアになるものと考えています。

そこで本書を通して人的資本に興味を持っていただいた投資家，株主，企業経営者，人事担当者，実務家，そして学生の皆さんは，ぜひ興味に応じて巻末に記載した参考文献にも目を通していただきたいと思います。

第 2 章

人的資本と人的資本理論

1 人的資本

(1) 定　　義

人的資本の学問的考察は，アダム・スミス（Adam Smith）が，個人の「獲得した有用な能力」を「収入または利益」の源泉としたことに始まったといわれています（Ployhart & Moliterno, 2011）。

人的資本の定義は，主要なものだけでも**図表２－１**に示す通り数多くのものが存在しますが，いずれもある程度の類似性が見られます。

人的資本を金融資本や物的資本と比較すると，いずれも長期間にわたってアウトプットをもたらす資産であるという意味では同じです。しかしながら，例えば物的資本の１つである機械は，一般的には購入した時点が最新の性能を発揮する状態になっていて，使っていくうちに次第に性能が衰えていきます。一方，人的資本である人は，**組織に参加した当初の性能（知識，アイデア，スキルなど）がその後の教育や経験によって次第に高まっていく**という，機械とは異なる性質を持ちます。

さらに人的資本は，仕事の経験や教育訓練を通して職場内で開発されるもの

図表2－1　人的資本の定義（ミクロ・レベル）

人的資本の定義	代表的な研究
個人の知識，情報，アイデア，スキル，健康	Becker, 1975
従業員のスキル，判断力，知性など	Barney & Wright, 1998
従業員のスキル，一般知識，専門知識	Skaggs & Youndt, 2004
企業の従業員や管理職が有する，目前の課題解決に役立つ能力，知識，技能，経験，および学習を通じて自分を高める能力	Dess & Picken, 1999
課題や目標を達成するためのノウハウ，知恵，専門知識，スキル，直観力，革新性，能力の組み合わせ，価値観，文化，哲学	Malhotra, 2000
従業員が企業にもたらす価値創造のためのスキル，コンピテンシー，才能，属性のすべてを包含するもの	Juanita & Harry, 2004

出所：筆者作成

であるだけでなく，従業員が組織にもたらすものであると同時に従業が退職する時には一緒に持っていってしまうもの，という点でも金融資本や物的資本と異なります（Miller & Wurzburg, 1995）。

心理学の分野では，古典的には1927年のスピアマン（Spearman）の研究を皮切りに，個人の知識，スキル，能力，その他の特性と人的資本を同一視する傾向があります（Ployhart & Moliterno, 2011）。そのため，個人の認知能力を高めると職務遂行能力がどのように高まるか，といった個人レベルに焦点を当てた研究が数多く存在します（Jensen, 1998, Schmidt & Hunter, 1998など）。

ライトら（Wright et al., 1994）が想定したモデルは，企業による教育訓練投資や個人による自己啓発によって個人レベルの人的資本が開発され，それが個人レベルの成果（例えば，個人の業績，離職率など）に結びつくというモデルです。

ベルとコズロフスキー（Bell & Kozlowski, 2008）は，仕事を通しての学習であるアクティブ・ラーニングは，過去の知識をあてはめながら新たな知識を理解する「類推」の能力と，環境・状況に応じてそれを意味づける「適応」の能力を高めることを実験によって確認しました。

上記の見方に加えて，個人の経験，教育，スキルの集合体が「組織レベルの人的資本」になって組織に持続可能な競争優位をもたらすという見方もあります（Penrose, 1959，Barney, 1991など）。

この立場に立つ研究者による人的資本の定義は，**図表２－２**に示す通り，組織レベルでの人的資本と組織業績とのつながりが強調されています。

図表２－２　人的資本の定義（マクロ・レベル）

人的資本の定義	代表的な研究
従業員が組織を通して得た経験，教育，スキルの集合体であり，組織の持続可能な競争優位を達成するために活用できる資源	Penrose, 1959，Barney, 1991
組織の公式なレポートライン，公式・非公式の計画，ガバナンス体制，および企業内のグループ間の非公式な関係，企業とその環境の関係などが含まれる組織的な資源	Tomer, 1987
組織の持続的な競争優位の源泉となる一連の資源（人的資本のスキル，従業員のコミットメント，文化，チームワークなど）	Barney & Wright, 1998
知識，スキル，能力，組織の構造，業務プロセス，インフォーマルな組織，文化，マインド	Sveiby, 2001
人事慣行と企業業績をつなげるものであり，大部分が標準化されておらず，暗黙的，動的，文脈依存的であり，人々によって具現化されるもの	Elias & Scarbrough, 2004

出所：筆者作成

⑵　人的資本の測定への取り組み

人的資本という概念は，もともと労働市場を対象にした労働経済学の概念です。ただし，現在注目されている人的資本は，ESGを念頭に置いた資本市場を意識しています。すなわち，機関投資家の投資行動に対する規制（コード）を人的資本の側面にも拡大しようとするのが，人的資本経営です。

こうした資本市場の動きを背景として，これまで様々な研究者が人的資本を測定する方法を検討してきました。

ブークら（Bukh et al., 2001）によれば，1990年代の知的資本報告書の動きは，1980年代半ばにデンマークやスウェーデンから始まったといわれます。

この時期すでにスウェーデンには知的資産の報告に関心を持つグループが2つありました。1つは，従来の財務情報に非財務的な価値を反映させる人的資源会計（Human Resource Costing and Accounting；HRCA）の実務への応用を目指す「スウェーデン実践共同体」（Swedish Community of Practice）と呼ばれるグループです。他方は，主に非財務指標を用いて無形資産をモニタリングし，公に発表しようと試みる経営者で構成されている「コンラッド・トラック（Konrad Track）」と呼ばれるグループです。

後者のグループは，スウェーデンのいくつかの「知識創造企業」のメンバーで構成される作業グループによって最初に提唱された理論に基づいて報告書を作成し，発表しました。その発表で用いられた考え方と様式は，WMデータ社，スカンディア社（Skandia），クレアブ社（KREAB）などのスウェーデン企業によって実務での活用に向けてさらに開発が進みました。

この年次報告書を作成する試みの中で，コンラッド・トラックグループは，「見えないバランスシート」を開発しました。そしてこれに賛同したスウェーデンのサービス産業雇用者協会は，すべてのサービス企業に対してこの新しいバランスシートの活用を推薦しました。

モーリスンら（Mouritsen et al., 2004）によれば，マイクロソフトやコカ・コーラのような高いブランド価値を持つ企業もバランスシートには伝統的な資産の価値しか計上しておらず，ホンダやBP（旧ブリティッシュ・ペトロリアム）のような製造業は，財務諸表に計上されるのは企業価値全体の30%以下であるといいます。

見えない資本を測定する方法として，企業の貸借対照表に計上されている有形資産の価値と株式市場価値のギャップを捉えるという考え方があります。この比率は「時価純資産比率」と呼ばれ，特にサービス業やハイテク企業で大きくなっています。

例えば，1997年5月時点のゼネラルモーターズの時価純資産比率は1.6であったのに対し，マイクロソフトのそれは13.4でした。当時のマイクロソフトの株式時価総額のうち，貸借対照表に計上されている土地，建物，機械，設備などの伝統的な有形固定資産は，わずか7％程度でした。すなわち，マイクロソフトの企業価値の93％は，ブランド，研究開発，人材などの無形資産によるものであったわけです（Leadbeater, 2000）。

年次報告書に記載されている伝統的な資本の企業価値に対する関連性は年々低下しており（Lev and Zarowin, 1999），**これまで年次報告書に掲載されてこなかった非財務情報が企業価値と連動している**ことがわかってきました（Amir and Lev, 1996）。先に紹介した北欧諸国の一部の企業が，知的資本に関する報告書を実験的に作成したのは，このことに早くから気づいていたためです。

ほぼ同じ頃，OECDが国際シンポジウムを開催し，知的資産の測定と報告のための国際的なガイドラインについて議論されました。

イギリスでは，CIPD（Chartered Institute of Personnel and Development）という人事専門家の専門機関から声が上がり，これを受けて，英国政府のタスクフォースが設立されました。

エリアスとスカブラー（Elias & Scarbrough, 2004）は，イギリスの大企業11社に対して人的資本の測定と開示についての取組み状況を調査しました。当時はイギリスの大企業の間で標準的な人的資本の測定指標が存在しておらず，まだ各社が模索している状態でした。ただし調査の対象となった企業は，すでにこの時点で，人的資本の概念について「従業員の貢献と企業の競争力との関係性をつなぐもの」という概念で捉えていたといいます。

こうした動きからも明らかなように，ヨーロッパの企業は，知的資本の測定，報告，管理に関して，他地域の企業よりもはるかに進んでいたといえるでしょう。

アジアに目を向けて見ると，オーストラリアでは2000年ごろから政府や民間企業の中で人的資本の重要性に対する認識が高まりを見せ始めました。この動きには，オーストラリアの産業・観光・資源省が，国内企業の約80%を占めるサービス業の国際競争力向上を狙いとして人的資本の重要性を強調したという背景があります。そこでオーストラリア会計基準審議会は，2001年に人的資本を含む知的資産の再評価を最優先プロジェクトの１つとして位置づけ，これにより，オーストラリアの会計基準改定に動き出したといわれます（Lynn et al., 2010）。

ガスリーとペティ（Guthrie & Petty, 2000）によれば，当時のオーストラリアでは知的資本の主要な構成要素が十分に理解されておらず，不適切に選択され，非効率的に管理されていました。また，すべての企業の代表者は，知的資本が将来の企業の成功と競争力を生み出す重要な要素であると考えてはいたものの，知的資本の管理を組織的に行っている企業はなかったといいます。

日本では，2020年１月に経済産業省が「持続的な企業価値の向上と人的資本に関する研究会」を，さらに2021年７月に「人的資本経営の実現に向けた検討会」を立ち上げました。また，内閣官房は2021年10月に「新しい資本主義実現本部」を設置し，2022年２月には「賃金・人的資本に関するデータ集」を公表しました。こうした流れを受けて，政府は人的資本の情報開示を促すために参考とすべき指針をまとめ，例えば金融庁もこの中のいくつかの指標を有価証券報告書へ記載する義務を企業に課す動きを見せています。

⑶　人的資本に関する情報開示のガイドライン「ISO30414」

ヨーロッパに端を発した企業による人的資本の開示は，次第に機関投資家団体から企業に対する人的資本に関する開示要求へとつながりました。こうした流れの中，アメリカの人材マネジメント協会はワーキンググループを設置して人的資本の情報開示に関するガイドラインの検討を開始しました。

さらには2011年にスイスのジュネーブに本部を置く非政府機関である国際標準化機構（International Organization for Standardization；ISO）で検討が開始されました。その成果物として，2018年12月に「ISO30414」という国際規格の１つとして「人材マネジメントに関する情報開示のガイドライン（Human resource management — Guidelines for internal and external human capital reporting)」が発行されました。

このガイドラインでは，「人」を「組織にとって最も重要な資源でありリスクでもある」と捉え，「人」を管理する能力を促進するために本ガイドラインが制定されたものと位置付けられています。

そして，企業がこのガイドラインに沿って自社の人的資本を取得・測定・分析・報告することにより，①自社の人的資源の力を他社と比較できる，②各企業における人材マネジメント施策をさらに改善することができる，③人的資本への投資に対するリターンを把握することができる，④組織の人的資本の現在の状況と将来の見通しに関する社内外の理解と評価を得ることができる，と説明しています（ISO, 2018）。

⑷　コーポレートガバナンス・コード

機関投資家から企業に対する人的資本の開示要求が高まり，米国証券取引委員会（SEC）は，2020年8月に上場企業に対して人的資本の情報開示を義務づけると発表し，同年11月から義務化されました。

日本では，2015年に金融庁と東京証券取引所が共同して「コーポレートガバナンス・コード（企業統治指針）」を発表し，さらに2021年6月には，人的資本や知的財産への投資を開示すべきだという指針が追加されました。

この指針では，コーポレートガバナンスを，「会社が，株主をはじめ顧客・従業員・地域社会等の立場を踏まえた上で，透明・公正かつ迅速・果断な意思決定を行うための仕組み」と定義しています。

そして，この指針の目的について「これらが適切に実践されることは，それぞれの会社において持続的な成長と中長期的な企業価値の向上のための自律的な対応が図られることを通じて，会社，投資家，ひいては経済全体の発展にも寄与することとなるものと考えられる」と記されています。

これはあくまで指針であり，実際に開示する指標は企業の判断に委ねられています。すなわち企業は，情報開示の段階から，持続的な成長への姿勢やそれに対する備えについて説明できるかを試されているともいえるでしょう。

2 日本型雇用システムと人的資本

(1) 日本型雇用システム

アメリカの経営学者であるアベグレン（Abegglen）は，日本に特有な経営慣行を特定して世界に広く紹介しました。

アベグレン（Abegglen, 1958）は，1955年にフォード財団の研究フェローとして来日しました。滞在中，日本の大企業経営者とのインタビューや現場での実態調査を行い，欧米企業と比較した場合の日本企業に特有な経営慣行として「終身雇用」「年功序列」「企業内組合」の３つを指摘しました。

その後も多くの研究者が日本的経営の特徴を調査し，上記以外にもメインバンク制，株式の持ち合いなどの特徴が指摘されましたが，日本的経営の最大の特徴は日本型雇用システムにあるといえるでしょう。

日本型雇用システムについては，アベグレン以降も様々な角度から分析がなされました。そして，それまでは日本の文化的特殊性から論じられる傾向にあった日本型雇用システムの経済合理性に関する研究が蓄積されてきました。

例えば八代（尚）（1997）は，日本型雇用システムを，労働者の技能形成のカギを握る企業内訓練を効率的に行うための，きわめて経済合理的なシステムとして評価しています。特にその長期雇用慣行については，日本企業における常用雇用者は容易に他企業の雇用者や資本と代替可能な生産要素ではなく，企業内における長期にわたる教育訓練によって形成された人的資本であるため，長期的に保有しながら次世代へ技術移転することが企業の経済合理性につながると主張しました。

小池（1994）は，内部労働市場および長期の競争モデルという概念から日本型雇用システムを説明しました。小池は，日本型雇用システムの特徴である年功制・年功賃金の内実は，企業内における長期にわたる個人間のはげしい競争世界であると指摘しました。それは異常が発生した場合の対処能力や変化への対応能力獲得をめぐる競争であるため，企業内で長期にわたって関連業務の経験を積ませ，複数の評価者からの評価を受けながら，長期の働きぶりで長期の実績を競い，それによって報酬や昇進がきまっていくという雇用システムには合理性があると主張したのです。

八代（充）(2011) は，新規学卒者一括採用および長期雇用を根幹とする日本型雇用システムにおける人事管理上の重要課題は，新規学卒者として一括採用した最大多数の従業員のモチベーションをできるだけ長期間維持することであるため，企業は年齢・勤続・能力を基準とした社員格付けおよび賃金決定を行い，企業内で幅広く部門を異動させながら同一年次の従業員の昇格格差を長期間にわたりゆるやかに拡大することで対応してきたと，日本型雇用システムの構造を分析しています。

一守 (2016) は，企業における人事部門の役割についての考察を通して，日本型雇用システムは時代と共に少しずつ変化の兆しは見えつつあるものの，依然として，新規学卒者一括採用と長期雇用を前提とし，それを支える仕組みとしての遅い昇進，年功賃金などに示される年次管理という本質はあまり変化していない実態を明らかにしています。

⑵　人的資本理論と年功賃金

人的資本に含まれる従業員の知識やスキル，能力は仕事の経験や主に企業内の教育訓練を通じて開発されます。本節では，人的資本の理論について解説します。

人的資本理論は，シカゴ大学教授のベッカー（Becker）によって打ち立てられた労働経済学の理論です。この基本的考え方は，人間は時間の経過とともに劣化していく機械とは異なり，教育訓練によって時間の経過とともに生産性を向上させることができるものである，というものです。

企業内の教育訓練について少し詳しく説明しましょう。

企業内の教育訓練を受けてスキルや能力が高まれば，それに応じて担当する職務が拡大し，それが個人の賃金に影響します。また，教育訓練を通して獲得する能力によっては従業員の転職行動にもつながります。

企業内教育訓練によって習得する能力には，次の２種類に大別できます。

１つ目は，「一般能力」といわれるものです。

これは，どこの企業にいっても使えるような基盤スキルを指し，例えば語学力，基礎的なパソコンスキル，ビジネスマナー，会計の基礎知識のほか，小池・猪木（2002）が指摘した「他の専門領域の理論と実際の要点をすばやく理解する力」，「当面の問題に関する事実を構成する推理力」，「不確かな人間行動を深読みする力」，「良識や直観に合うか否かの判断力」等の，個人特性も含む概念といえます。

２つ目は「企業特殊能力」といわれるものです。

これは，訓練を受けた企業では役立つものの，他の企業では役に立ちにくいスキルです。例えば，その企業独自の製品やサービスの知識，特殊用語に関する知識のほか，社内の人間関係，自社独自の方針や仕事のやり方に関する知識などが含まれます。

一般能力はどこの企業でも通用するスキルですから，従業員はこれを高めれば高めるほど，他の企業への転職が容易になります。転職先の企業にしても，一般能力をあらためて教育する分の教育コストが節約できるので，その分を転職希望者の賃金に充当することができます。

したがって，従業員の一般能力を高めた企業では，その能力向上に見合う分だけ賃金を上昇させなければ，その従業員を企業に引き留めておくことが難しくなってしまいます。この状況は，従業員にとっては，一般能力を高めればそれ以前よりも高い賃金を獲得できることを意味しますが，企業にとっては，従業員の一般能力を高めれば賃金コストの負担が大きくなるだけでなく，従業員の転職リスクも高まるので割の合わない話になります。

そのため企業は，従業員の一般能力向上につながる教育訓練にお金を出すインセンティブは持たなくなり，一般能力向上のための教育訓練コストは従業員が負担することになります。

一方，企業特殊能力は，当該企業だけに役に立つスキルですから，転職先ではその能力を活かすことはできず，したがって転職先の企業にしても自社で使えない能力に対して追加のコストは支払いません。従業員としては，それまでに時間と労力を費やして獲得した能力ですから，それが使えず賃金も上がらない他社に転職するという選択をするインセンティブを持ちません。企業側としても，社内の特別なしくみや人間関係を理解した従業員が企業内に居続けてくれれば，追加の採用コストや，また新たな採用者に時間をかけて教え込むことによる追加の教育訓練コストを節約できるので好都合です。

そのため，企業は，従業員の企業特殊能力向上につながる教育訓練にはお金を出すインセンティブをもち，企業特殊能力向上のための教育訓練コストは企業が負担することになります。

ただし企業は，一般能力を向上させる教育訓練の場合とは異なり，企業特殊能力を向上させた従業員に対して，その能力向上分に見合う賃金を上昇させる必要はありません。なぜなら，企業特殊能力の向上は他社へ転職する武器とならないからであり，結果として企業はその後に支払う従業員への賃金から少しずつ特殊能力向上に費やした費用を回収するのです。

このことは，業績の悪化によりコスト削減の必要性に直面した場合でも，企業は企業特殊能力を身に付けた従業員を手放すのではなく，雇用し続けるほうがベターな選択肢となることを意味し，かくして長期雇用という現象につながるのです。

これが，年功賃金を説明するベッカーの人的資本理論です。

3　欧米型雇用システムと人的資本

(1)　欧米型雇用システム

欧米型雇用システムは，しばしば日本型雇用システムと対比して説明されます。

例えば須田（2010）は，日本企業の賃金制度は長期的な公平感の重視，「年齢による賃金」という心理的契約に特徴があり，人事部への集権によって人材マネジメント内の整合化が図られているとしています。

一方，欧米型賃金制度は，その時々の公平感の重視，「職務と貢献による賃金」という心理的契約に特徴があり，ラインへの分権によって人材マネジメント内の整合性が図られているとしており，これらの対比が理論分析と実証分析によって整理されています（**図表２－３**）。

図表２－３　**日本型雇用システムと欧米型雇用システム**

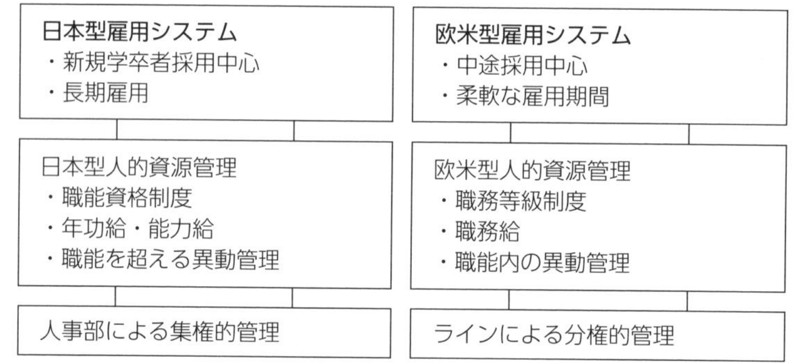

出所：須田（2010）をもとに筆者作成

⑵　職種特殊的能力

先に説明した一般能力と企業特殊能力を競争戦略の観点から考えてみましょう。

一般能力は企業間の移動が容易であり外部労働市場から調達可能な能力であるため，企業の差別化要因にはならず，特定の組織の競争優位の源泉にはなりません。

これに対して，企業特殊能力は，①それを形成するまでに長い時間と多大なコストを要する，②他社に転職しても価値がないため企業間では取引されない，③特定の企業における能力であるため希少である，④模倣も困難である，⑤組織に根付いていく，という性格を持つことから組織の持続的な競争優位の源泉になります。

したがって，持続的な競争優位を生み出す方法の１つは，企業が投資をして組織内の企業特殊能力の開発を促進することです。

ところで，企業が企業特殊能力を伸ばす教育訓練を提供してくれるからといって，これだけを習得すれば良いと考える人はそう多くはないと思います。特に，自分のキャリアは自分で創るものであると考える，いわゆるキャリア自立をしている人々は，自分の成長のために自己投資を惜しまないでしょう。

その時に身に付けようとする能力は，一般能力なのでしょうか。ビジネスマナーや会計の基礎知識，パソコンスキル，論理的思考力などを学ぶことで他社への転職が簡単になるのでしょうか。

実は近年，これまでの「一般能力」と「企業特殊能力」という２つの能力区分に加えて，「職種特殊的能力」という新たな区分が議論されるようになっています。

久本（1999）は，従来の２区分では現実の現象をとらえるのは困難だとして，新たに「職種専用技能（occupational specific skill）」と「業界専用技能（industrial specific skill）」という概念を提示しています。

「職種専用技能」とは，人事，経理，営業，開発といった特定の職種の仕事を遂行するために必要な能力を指します。

この能力は，他社であっても同業であればすぐに活用でき，他業界であっても早期に対応できる可能性の高い能力です。

それらの技能の習得は，日々の仕事を通した，いわゆるOJTを中心に，大学などの教育機関が主催するセミナー，書籍などを通して行われます。

「業界専用技能」とは，特定の業種や業界にだけに存在する技能・知識・ノウハウであり，その技能の多くは同業ならば企業の枠をこえて通用しますが，特定の業界以外では役立ちません。

労働移動の観点からいえば，これら２つの技能のうち，業界専用技能のほうが会社を移ることが困難となります。ある業界全体が不況のとき，同業他社に移ることは難しくなるからです。

したがって，企業が負担しても良いと考える教育訓練コストの大きさは，一般能力＜職種専用技能＜業界専用技能＜企業特殊能力という順に大きくなるといえるでしょう。

人的資本理論に照らせば，それぞれの教育訓練によって向上した能力によって得られる賃金上昇の大きさは，上記に示した，企業が負担すべき教育訓練のコストの大きさ順とは逆の関係になるはずです（**図表２－４**）。

海外では，すでに何人かの研究者によって職種特殊的能力が賃金決定に与える影響についての研究がなされていますが（戸田，2010），今後ますます調査の蓄積が期待されます。

泉（2000）は，これまで日本企業が従業員に対して提供してきた企業特殊能力を向上させるための教育訓練は，企業特殊能力とともに一般能力をも付与していたという主張をすると同時に，**これまで日本企業の人材育成が成功した要因は企業特殊能力と一般能力の双方の向上に対してバランスよく教育訓練を実施してきたから**であって，一般能力を向上させる教育訓練のコストは従業員が負担するという政策は教育訓練投資の不足を招き，企業の将来的な競争力を弱める原因になると警告を発しています。

外部の研修を通して一般能力である認知能力，論理的思考力や学習能力，グループワークでの協業能力，プレゼンテーション力などを高めれば，それらの能力が企業特殊能力を習得する力を高める，という研究もあります。

また，一般的な認知能力の高い人は，能力の低い人よりも早く特定の知識やスキルを習得し，その結果，より高い仕事の成果をあげることができます(Hambrick, 2003；Ackerman & Heggestad, 1997; Kanfer, 1990)。

このことは，**企業特殊能力の強化に注力することが模倣困難性の状況を作りこみ，企業に持続的な競争優位をもたらす一方で，一般能力の強化も決して無駄なことではない**ことを意味しています。

図表２－４　一般能力・職種特殊能力・企業特殊能力

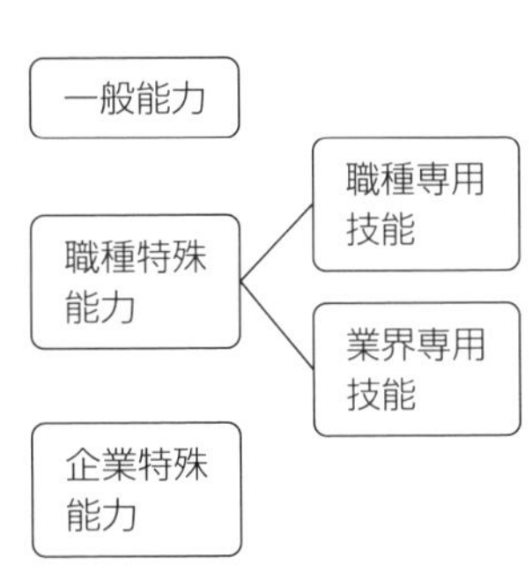

大↑従業員の賃金上昇の大きさ↓小

現企業	他業界	他社（同業界）	他社（他業界）
○	○	○	○
○	△	○	△
○	×	○	×
○	×	×	×

小↑企業が負担する教育訓練コスト↓大

○：通用する　△：やや通用する　×：通用しない

出所：筆者作成

第 3 章

人的資本経営と戦略的人材マネジメント

1 戦略的人材マネジメント

経済産業省（2020）は今日の企業を取り巻く環境，とりわけビジネスのグローバル化，デジタル化，労働人口の変化という経営課題は，そのまま人材マネジメントの課題であると指摘しています（**図表３－１**）。

人的資源管理論の領域ではかなり以前から企業の経営上の課題と人材マネジメントを結び付ける考え方をしてきました。それが「戦略的人材マネジメント（Strategic Human Resource Management；SHRM）」という考え方です。

図表３－１　経営上の課題と人材マネジメント上の課題

	経営上の課題	人材マネジメント上の課題
グローバル化	・海外市場でのシェア拡大 ・多様な顧客ニーズへの対応 ・グローバル組織ガバナンス	・グローバル人材の育成 ・多様な人材の採用と融合 ・人事制度のグローバル対応
デジタル化	・連続的な変化への対応 ・新たなリテラシーの獲得	・変化に強い企業文化の構築 ・従業員の再教育
労働人口の変化	・少子高齢化への対応 ・就業期間長期化への対応	・柔軟な働き方の導入 ・自律的キャリア意識の醸成

出所：経済産業省（2020）をもとに筆者作成

戦略的人材マネジメントとは，例えばライトとマクマハン（Wright & McMahan, 1992）は，「企業目標の達成を目的とした，計画的な人的資源の配置と運用のパターン」と定義し，ジャクソンら（Jackson et al., 2014）は，「組織を取り巻く環境と各種人材マネジメント施策，ならびにその運用に関わる社内の人々，組織の有効性を評価する社外のステークホルダーとの相互関係を構築すること」と表現しています。

こうした定義は，人材マネジメントと組織のパフォーマンスとの関係性を強調しており，従来の人材マネジメントの考えとは一線を画すものでした。

ハーバード大学ビジネススクールで経営史を担当していたチャンドラー（Chandler, 1962）は，組織の構造は組織の戦略達成に向けた諸活動を管理するために考案されたものであるという，企業戦略と組織構造の関係についての一般的な見解を提示しました。

戦略的人材マネジメントという分野は，1978年にアメリカのコンサルタントであり教育者であったウォーカー（Walker）が企業戦略と人的資源計画の連携を呼びかけたことが発端となりました。そしてその流れは，1980年代初めのデヴァンナ（Devanna）やマイルズとスノウ（Miles & Snow）の研究に引き継がれ広まっていきました（Wright et al., 2001）。

デヴァンナら（Devanna et al., 1984）は，アメリカの企業が生産性の低下やイノベーションの欠如に悩み，日本的経営に注目していた時期に，戦略的人材マネジメントのフレームワークを考案しました。彼女らのフレームワークは，企業が戦略的にマネジメントを行うためには，企業戦略の達成を支援する人事戦略，人事戦略を実行するための組織，組織を運営する人とその人の活用システムが必要であるというものです。そしてこれらの要素は，政治，経済，文化の影響を受けながら相互に関連しあって企業の戦略達成を目指します。

マイルズとスノウ（Miles & Snow, 1984）は，組織構造は企業戦略が規定するというそれまで主流であった見方ではなく，企業戦略と組織構造はそれぞれ独立したものではなく，相互に影響しあってそれぞれの形式を決めていく関係にあり，戦略は時として組織の構造に制約されるという見解を示しました。

もう１人，戦略的人材マネジメント研究に多大な影響を与えたのがハーバードビジネススクール教授のマイケル・ポーター（Michael Porter）です。

ポーター（Porter, 1980）が提唱した戦略モデルは，人的資源管理論や組織行動論を専門とする多くの研究者によって，企業戦略と人事戦略との関係に関する研究に応用されました。

例えばジャクソンとシューラー（Jackson & Schuler, 1989）は，組織の競争戦略とイノベーションの関係，競争戦略とあるべき人材マネジメントの関係に関心を持ちました。例えば，競合他社よりもイノベーティブであることで市場競争に勝とうとする組織では，従業員は新しいアイデアに挑戦し，リスクを取ることを厭わないことが求められます。しかし，イノベーションを必要としない組織では，実験やリスクテイクは望ましい行動とは言えないかも知れません。このように，イノベーションの重要性が異なる組織では，組織で求められる行動様式が異なるため，それを支える人材マネジメントのあり方も異なるというのが彼らの予想であり，発見でした。

アメリカではほぼ時を同じくして，「ミシガンモデル」と「ハーバードモデル」という戦略人事モデルが提唱されました（須田，2010）。

「ミシガンモデル」は，1984年にミシガン大学の研究者を中心に提案されたモデルです。企業戦略の要素としてミッション，経営戦略，組織構造，人材マネジメントをあげ，これらの各要素が互いにフィットしていると同時に，組織の外部の環境ともフィットしていなければならないと主張します。

これに対して「ハーバードモデル」は，同じく1984年にハーバード大学の研究者によって提案されたモデルです。株主やコミュニティなど企業を取り巻くステークホルダーの利害，ならびに従業員の特性や労働市場などの状況要因が人材マネジメントのあり方に影響を与え，それらが互いにフィットして効果的な人材マネジメントが実施されれば，「４つのＣ」と呼ばれる，Commitment（従業員のコミットメント），Competence（従業員の能力），Cost Effectiveness（コスト効率性），Congruent（組織目標と従業員目標の整合性）が強化され，さらには従業員の幸福や社会の繁栄につながると考えられています。

ハーバードモデルに誘発されたライトとスネル（Wright & Snell, 1991）は，戦略的人材マネジメントのモデルを構築しました。このモデルは，企業は知識，スキル，能力（コンピテンシー）を投入（Input）し，これらを変換して組織が期待する行動を引き出し（Throughput），組織成果（Output）につながるというモデルです（**図表３－２**）。このモデルでは，高いコンピテンシーを獲得し，それを引き出すためのシステムとして人材マネジメントを位置づけています（Wright & Snell, 1991）。

図表３－２　オープンシステムとしての戦略的人材マネジメント

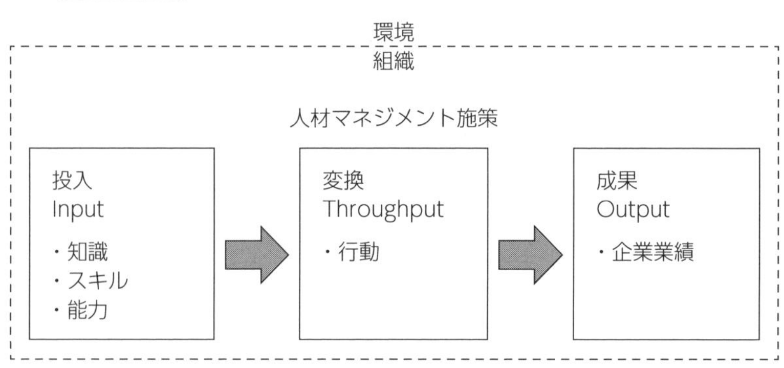

出所：Wright and Snell（1991）をもとに筆者作成

先に見たミシガンモデルとハーバードモデル共通の主張は，**効果的な人材マネジメントはそれぞれの企業によって異なる**ということです。

このような捉え方は多くの研究者によって支持され，例えば，ラドーとウイルソン（Lado and Wilson, 1994）は，人材マネジメントのしくみが複雑であればあるほど，各施策間の整合性の複雑さ自体が持続的な競争優位の源泉となると主張しています。

このことは，人材マネジメント施策にはベストプラクティスというものは存在せず，各企業にとって良い人材マネジメント施策というのは，既に自社に導入されている既存の施策と相乗効果を生み出す施策ということを意味しているのです（Lado & Wilson, 1994；Wright et al., 1994）。

2 人的資本と戦略的人材マネジメント

多くの研究者によって戦略的人材マネジメントの理論的基礎が研究されてきました。ジャンとメッサースミス（Jiang & Messersmith, 2018）は，戦略的人材マネジメントに関する過去の概念的・実証的レビュー論文の知見を要約する「メタ分析」というアプローチを用いて，関連する68の学会誌をレビューしました。そしてさらに，これを実施した2017年以前の10年間に行われた戦略人材マネジメントに関する183の実証研究を検証することで，メタ分析を補完しました。

その結果，戦略的人材マネジメント領域の中では，資源ベース理論（Resource Based View；RBV），AMOフレームワーク，社会的交換理論というテーマが研究者の関心を集めていることがわかりました。

(1) 資源ベース理論（RBV=Resource Based View）

資源ベース理論という考え方は，人的資本のような価値ある資源が企業間で不均一に配分されることで，企業間に業績の差が生じるという考え方です。

この理論は，「企業が持つ資源の利用の仕方は企業ごとに異なるため，同じタイプの資源でも企業によって異なるサービスを生み出す」としたペンローズ（Penrose, 1959）の研究を起源とする見方が研究者の中で共通した見方になっています。

その後ワーナーフェルト（Wernerfelt, 1984）が，それまでの戦略論の概念である製品やサービスに対する参入障壁や製品マトリックスといった概念を，人を含む内部資源に適用して考察し，資源ベース理論を確立していきました。

ライトら（Wright et al., 2001）によれば，このワーナーフェルトによる提案は，例えば，「重要な資本は外部から獲得するのではなく長年かけて形成され，その模倣困難性によって企業の競争優位が生まれる」としたディーレックスとクール（Dierickx and Cool, 1989）など他の研究者によって拡張され，さらにはバーニー（Barney, 1991）が持続可能な競争優位性を生み出すために必要な特性を明示したことによって，戦略論におけるこの理論の定着が確実なものになりました。

資源ベース理論によれば，**人的資本が企業にとって価値があり，希少で，他にまねされず，他のものに替えることができない時，人的資本は競争優位の源泉となり，そのような資源を持たない競争相手を上回る業績をあげることができる**といいます（Barney & Wright, 1998; Wright et al., 1994）。

バーニーとライト（Barney & Wright, 1998）は，多くの企業が「わが社にとって従業員は最も重要な資産です」と口では言うものの，コスト削減の必要に迫られたときにはまっさきに人員削減，賃金引き下げ，研修中止といった従業員に関わる費用に手につける実態を取り上げ，こうした従業員を軽視した企業の姿勢を問題視しています。

彼らは，ある企業にとって人的資本のうちのどの要素が競争優位をもたらすかを特定するために，**図表３－３**に示す，Value（価値），Rareness（希少性），Imitability（模倣困難度），Organization（組織）の頭文字をとった「VRIOフレームワーク」と呼ばれるものを考案しました。

図表３－３　VRIOフレームワーク

自社の人的資本は？

貴重？	希少？	模倣困難？	組織支援？	競争力	企業業績
No	—	—	No	劣位	標準を下回る
Yes	No	—	↑	均衡	標準
Yes	Yes	No	↓	一時的優位	標準を上回る
Yes	Yes	Yes	Yes	継続的優位	標準を上回る

出所：Barney & Wright（1998）をもとに筆者作成

自社にとって貴重な人的資本の要素かどうかは，それが企業の成長に対して貢献するかどうかによって決まります。

希少性は，従業員が持つ特性の希少性です。競合企業にも同じ特性を持つ従業員が同じように存在するならば，その特性は競争優位の源泉にはなりません。自社において人材の希少な特性を作り出し，活用することによって，競争優位に立つ差別化が生まれるのです。

ただし，ひとたび従業員の中に希少な特性を創り出すことができたとしても，他の企業でもその特性を創り出せるならば，いずれはその特性は希少なものではなくなってしまいます。したがって，企業は，希少な特性が模倣されないようにして維持しなければなりません。こうした模倣できない特性は，組織独自の歴史や文化といった，他社では模倣のできない環境から生み出されるといわれています。

さらに企業の人的資本が企業の持続的な競争優位の源泉となるためには，企業はその資本を十分活用できるような組織体制を整えておかなくてはなりません。

そのためには，既に見た通り，１つひとつの人材マネジメント施策を良くすることだけではなく，人材マネジメント全体を１つのシステムとして捉えることが重要であるといえます。

人材マネジメント施策は，それぞれの施策が互いに整合性を持ったシステムとして存在するときに最大限の効果を発揮し，企業業績にプラスに働くということが，多くの研究で明らかになっているからです（例えば，Delaney & Huselid, 1996; Huselid, 1995）。

このように，戦略的人材マネジメントの基本的考え方は，企業戦略と整合性のある人事戦略ならびに人材マネジメント施策の導入・実施により企業業績を高める，というものです。そしてこの主張は，企業内部の人的資本が企業に競争優位性をもたらすという資源ベース理論と親和性が高いものといえます。

そのため，戦略的人材マネジメントの領域では，資源ベース理論を活用して，持続的な競争優位をもたらす可能性のある人材マネジメントの諸施策に関する研究が数多くなされてきました。

例えば，レパックとスネル（Lepak and Snell, 1999）は，企業の戦略が企業の人的資本の雇用戦略に与える影響を分析しました。そして，人的資本の価値と独自性という２つの尺度を組み合わせて４象限を作り，各象限の特徴から内部育成，外部調達，契約，提携という４種類の採用モデルを特定しました（**図表３－４**）。あわせて，それぞれの採用モデルには，本質的に異なる雇用関係が必要であると考えました。さらには，それぞれの雇用関係に見合った人事慣行が，雇用関係を維持し，人的資本の戦略的特性をサポートするのに役立つと考えました。彼らはこれによって，それぞれの雇用形態の人々が自分の貢献と受け取る利益をバランスさせながら，組織としては全体としての公平性を維持していると論じています。

図表３－４　人的資本と雇用戦略の関係

人的資本の独自性（縦軸：高↑↓低）／人的資本の価値（横軸：低←→高）	低	高
高	第４象限 採用モデル：提携 雇用関係：パートナーシップ 人事慣行：協力ベース	第１象限 採用モデル：内部育成 雇用関係：相互依存 人事慣行：人ベース
低	第３象限 採用モデル：契約 雇用関係：仕事 人事慣行：規則ベース	第２象限 採用モデル：外部調達 雇用関係：自立，対等 人事慣行：市場ベース

出所：Lepak & Snell（1999）をもとに筆者作成

(2)　AMO（Ability, Motivation, Opportunity）フレームワーク

ボクサルとパーセル（Boxall & Purcell, 2003）は，従業員のパフォーマンスは，従業員の能力（Ability）と動機（Motivation），機会（Opportunity）の関数であると考えました。

これは，**効果的な人材マネジメントによって従業員の能力とモチベーション**

を高め，かつ，参画の機会を与えると企業のパフォーマンスが最大化するという考え方です。これを「AMOフレームワーク」といいます。

A（Ability=能力）に関していえば，個人の能力が個人のパフォーマンスを予測できる強力な要素であることは，多数の研究で明らかになっており，これは特に人材マネジメントにおける採用選考の重要性を示しています。

M（Motivation）とは，何かをしようとする意志であり，何らかの欲求を満たそうとすることです。能力はあっても行動しないのは，その人が行動するモチベーションを持たないからです。

多くの研究者が様々なモチベーション理論を構築しています。

初期の研究には有名なマズロー（Maslow）の５段階説，マグレガー（McGregor）のＸ理論・Ｙ理論，ハーズバーグ（Herzberg）の動機づけ衛生理論があります。

マズロー（Maslow, 1954）は，人間の欲求を，彼が低次元として位置づけた生理的欲求から安全的欲求・社会的欲求・自尊的欲求・自己実現的欲求という高次元の欲求までの５段階に分類し，人は１つの欲求次元を満たすと上位段階の欲求を満たそうとする，と主張しました。

マグレガー（McGregor, 1960）は，２つの人間観を作り出しました。その１つである「Ｘ理論」の立場に立った人間観は，「人間は基本的には仕事が嫌いでいつでも仕事を怠けようとするため，強制したり罰を与えたりしないと仕事をしない」というものです。もう一方の人間観は「Ｙ理論」といい，「人間は基本的に良い仕事をしたいと考えており，その人に見合った仕事を与えれば喜んで引き受ける」というものです。マグレガー本人は，Ｙ理論を支持し，従業員のモチベーションを高めるためにはやりがいのある仕事を与え，権限を委譲し，良い人間関係を構築することが大切であると主張しました。

ハーズバーグら（Herzberg et al., 1959）は，職場において満足の反対が不満足ではない，ということを発見しました。すなわち，不満足の原因を取り除いても満足はせず，単に不満がなくなるというだけに過ぎない，ということです。ハーズバーグによれば，職務の満足感につながるのは不安をなくすことではなく，満足を高める策を打つことなのです。それは例えば，良い仕事を与えて成長する機会を与える，従業員の前で表彰する，といったものです。

こうした初期のモチベーション研究を機に発展したモチベーション理論には，例えばマクレランド（McClelland）の欲求理論，ブルーム（Vroom）の期待理論，アダムス（Adams）の公平理論，ロック（Locke）の目標設定理論などがあります。

マクレランド（McClelland, 1961）は，職場における人間の欲求を，①何かをやり遂げたいという達成欲求，②他人に影響力を与えて周囲をコントロールしたいという権力欲求，③他者と友好な対人関係を築きたいという親和欲求に分類して捉え，このうち達成欲求と職務の業績には強い関係があることを発見しました。また，達成欲求と職務適性には明確な関係はなく，一方で権利欲求および親和欲求と管理職の適性にはある程度関係があるとしました。

ブルーム（Vroom, 1964）の期待理論は，人は仕事から得られる金銭的・非金銭的報酬への魅力と，その報酬を得るために行う仕事の内容，およびその仕事をうまくこなすために必要な努力とそれが自分にできるかどうかを天秤にかけて行動に移すかどうかを決定する，というものです。高いモチベーションが個人の業績に結びつく度合いは能力の程度により異なり，その能力が個人の業績に結びつく度合いはモチベーションの程度によって決まります。

アダムス（Adams, 1965）の公平理論は，人は自分が仕事に投入するもの（インプット）とその結果得られるもの（アウトプット）との比率を考え，自分の比率を職場の同僚や他社の友人のそれと比較して，等しければ公平な状態であると感じる理論です。この比率が等しくないと感じれば，自分のインプットとアウトプットを調整するか，もしも手が出せるなら他者のインプットかアウトプットを調整させるか，どちらもできない場合は今の環境から抜け出す，すなわち離職をすることによって不満の解消を図ります。

ロック（Locke, 1968）は，具体的かつ挑戦的な目標が人の心理を刺激して人を動機づけ，簡単な目標よりも適度に難しい目標のほうが人は達成に向けて努力するようになることを発見しました。これが目標設定理論です。

O（Opportunity）の有効性については，従業員は機会が与えられればアイデアを提案し，企業は従業員のアイデアを活用することによって業績を高めることができることを多くの研究が証明しています。

このように，AMOフレームワークは，戦略的人材マネジメント研究において，効果的な人材マネジメントが企業業績につなげる理由を説明するために広く用いられてきたのです。

⑶　社会的交換理論

近年，人材マネジメントが従業員の態度や行動に与える影響，ならびにそれが組織のパフォーマンスに与える影響を研究するアプローチとして，社会的交換理論という考えが注目されています（Jiang & Messersmith, 2018）。

この理論は，一方の当事者から利益を受けた個人は，それに応じる傾向があるという考えが根底にあります。これを人材マネジメントに適用すると，次のようになります。

企業が「効果的な人材マネジメント」によって従業員に利益をもたらすと，それを自分にとっての利益であると認知した従業員は企業との関係を維持するために，企業に対して肯定的な態度や行動で応対します。

ここで「効果的な人材マネジメント」としての，「ハイ・パフォーマンス・ワーク・システム（High Performance Work System; HPWS）」という考え方について説明します。

HPWSという考え方は，企業の競争優位性を高める効果的な人材マネジメントの考えとして注目されてきました。

HPWSとは，従業員のスキルを向上させ，彼らから努力を引き出すために設計された，一連の人事施策を指します（Datta et al. 2005; Huselid, 1995）。

これまでの研究を通して，HPWSには，柔軟な仕事の割り当て，計画的かつ選択的な人員配置，幅広い教育訓練，成果に応じた業績評価，競争力のある報酬，手厚い福利厚生が含まれることが共通した認識となっています（Datta et al, 2005; Huselid, 1995; Wood & Wall, 2002ほか）。

フセリド（Huselid, 1995）は，米国内の企業約1,000社を対象にHPWSと企業業績との関連を調査しました。結果として，HPWSは従業員の離職率と生産性ならびに企業の財務パフォーマンスに対してプラスの影響を与えることがわかりました。

ベッカーとフセリド（Becker& Huselid, 1998）は，企業の人材と人材管理のためのHPWSはコストではなく投資であり，このシステムを通して生まれる従業員のパフォーマンスは，企業の知的資本として企業価値創造の重要な源泉であると主張しました。

HPWSと社会的交換理論の関係について，例えば竹内ら（Takeuchi et al., 2007）は，**HPWSが質の高い組織レベルの人的資本を生み出し，高度な社会的交換を促進し，組織全体のパフォーマンスを高める**と主張しています。

彼らは日本国内の56企業76事業所に対する調査を通して，①HPWSの実施度合いが高いほど，組織全体の人的資本のレベルが高い，②組織全体の人的資本のレベルが高いほど，組織のパフォーマンスが高い，③HPWSの実施度合いが高いほど，組織内における従業員同士の交流が多い，④組織内の社会的交流の度合いが高いほど，組織のパフォーマンスが高い，ことを明らかにしました。

メッサースミスら（Messersmith et al., 2011）も，ウェールズ公共部門職員を対象とした調査を通して，HPWSの運用が従業員と組織との社会的交換関係を強化し，従業員の職務満足度，職場へのコミットメントや自信のレベルを高め，さらにこれらによって従業員の協調行動が促進され，ひいては組織の業績を向上させるメカニズムを発見しました。

3 戦略的人材マネジメントと人事部門の役割

戦略的人材マネジメントという考え方の出現は，人材マネジメントの設計と運用の担い手である人事部門のあり方に関しても大きな議論をもたらしました（Schuler 1990; Barney et al. 1998; Buyens & De Vos 2001など）。

こうした議論に共通しているのは，人材マネジメントの運用主体であるラインマネージャーを支えて組織目標の達成を実現する「ビジネスパートナー」としての人事部門のあり方です。

例えばティシーら（Tichy et al., 1982）は，企業がますます人材に関わる問題に悩まされるようになっている中で，その問題に対して自発的に取り組むことができる人事部門を構築している企業はほとんどないと指摘しました。そこで，従来の人事部門を「戦略的人事部門」にするために内部監査のような手法を使うことを提案しました。彼らは，人事部門に対して自らの活動が企業の戦略を実現するためのものになっているかを考えさせる質問を投げかけることによって人事部門を変革することができると主張しています。

ライトら（Wright et al., 1997）は，具体的な事例としてアメリカの石油化学系製油所86社を対象に，戦略的意思決定への人事部門の関与が，企業の業績に与える影響について調査しました。調査の結果，企業戦略への人事部門の関与の高さは，製油所のマネージャーが認識する人材マネジメントに対する有効性の認識と強く関連しており，その関係は，その製油所が製品イノベーション戦略を追求し，熟練従業員をコア・コンピタンスとして捉えている時に最も強くなることが示されました。

ウルリッチとブロックバンク（Ulrich and Brockbank, 2005）は，人事部門がどのようにしてその支援対象である経営者，マネージャーあるいは従業員に価値を届けるのかについて，「HRバリュー・プロポジション（HR Value Proposition）」という概念を創り，戦略的人材マネジメントをリードする人事部門に必要な視点を示しました。

日本においてもこれらに誘発され，人事部門はこれまで自部門が担っていた役割を現場のラインに分散し，現場のラインを支援する役割に移行すべきであるという主張が盛んに行われるようになりました（八代（尚），1998；樋口，2001など）。

しかしながら，実態としては，日本企業の人事部門は分権化傾向が見られつつも依然としてアメリカ企業の人事部よりも集権化されていることが明らかにされていますし（Jacoby, 2005），平野（2010）でも，日本の人事部を特徴づける集権性と人事情報の人事部への集中は今も継続していることが確認されています。

これについて一守（2016）も，事例調査と郵送質問紙調査の結果を合わせて考察した結果，日系企業は人事部集権，外資系企業はラインマネージャー分権による人材マネジメントが行われているという状況を確認しました。

この章の最後に，ジョブ型雇用慣行への変化が人事部門の役割に与える影響について少し触れたいと思います。

ジョブ型雇用慣行は，これまで見てきた「ビジネスパートナーとしての人事部門」，すなわちラインマネージャー分権による人材マネジメントの実施モデルが親和的であるといえます。

そこで，一連の人材マネジメント施策をジョブ型の施策に移行したならば，最後に人事部門が自らの権限をラインマネージャーに委譲することによって人材マネジメント施策とその運用主体の整合性が整います。

ただしこれはそう簡単な話ではありません。

例えば筆者が以前調査した企業は，それまでの職能資格制度からいわゆるジョブ型の人事制度に変更しました。それにあわせて人事部門は自らの役割を「ビジネスパートナー」であると再定義し，人材マネジメントの運用権限をラインマネージャーへ委譲しました。

これは「設計図」としては正しいのですが，この時ラインマネージャーは，自分たちの裁量が拡大したとは見なさず，「人事部門が人材マネジメントから手をひいた」と捉えてしまいました。それまで長年にわたって人事部門が担っていた人材マネジメントの運用権限を突然委譲されたラインマネージャーは，それをうまく運用することができず，若手が育たないなどの弊害が出て社内の不満が高まりました。経営陣からも，人事部門に対して，もっと人の問題に関与するよう強い要求が生じました。そこで同社は，経営判断に基づき，一旦ラインに権限委譲していた人材マネジメントの運用権限を人事部門に戻したのです。これによって，同社の人材マネジメントの制度とその運用の仕方の間に

「ねじれ」が生じたのです。

この事例は，**ジョブ型雇用制度へ移行をした企業は，制度の形をジョブ型にするだけではなく，その運用主体となるべきラインマネージャーを徹底的に再教育し，制度に対する理解を高めるとともに部下に対するマネジメント力を向上させなければならない**ことを物語っています。

もっとも，企業がとるべき選択肢はメンバーシップ型かジョブ型か，の二者択一ではないかもしれません。このほかの選択肢としては，１つの組織の中で，人事部集権・ライン分権を使い分けるという考え方もあり得ます。

これは江夏・平野（2012）が提唱したような，役割等級制度のもとで管理職と「コア人材」に対しては人事部集権，それ以外の人材に対してはラインに分権で人材マネジメントを運用する，いうなれば“人事部・ライン分担型運用”という方法が参考になると思います。

第 4 章

人的資本経営は企業価値を向上させるのか

1 個人レベルの人的資本と個人の成果

従業員の知識，スキル，能力などの特性は，Knowledge（知識），Skills（スキル），Abilities（能力），Other characteristics（その他の属性）の頭文字をとってKSAOという概念で示されます。

その他の属性とは，例えば性格特性やリスク許容度，モチベーションなどが含まれます。この**KSAOは，個人の創造性や発明といった個人のパフォーマンスに対して高い予測力を持つ**ことが確認されています（Roberts et al., 2006など）。これらが主な個人レベルの人的資本です。

この概念は，人的資本が企業の業績を向上させるメカニズムを説明する重要な役割を果たすものになりますので，はじめにKSAOの各要素についてナイベルグら（Nyberg et al., 2014）の定義を中心に紹介しておきます。

Knowledge（知識）とは，職務を遂行するために必要な情報であり，その職務を遂行するスキルや能力を開発するための基礎となります。

知識に関して野中と竹内（2020）は，知識には言語や文章で表すことが難しい主観的で身体的な「暗黙知」と，言葉や文章で表現できる客観的で言語的な

「形式知」の２つの次元があり，個人の主観や人格からなる暗黙知が基礎となり，これが形式知に変換され組織に膨らませていくことによりイノベーションにつながるという知識創造理論を提唱しています。

Skill（スキル）は，職務を遂行するために必要な個人の熟練度とケイパビリティ（Capability）です。このケイパビリティとは，将来のニーズに対応する知識ならびに職務的・技術的スキルや生産的な個人の資質が統合されたものです。スキルは様々な仕事の経験によって高まり，仕事のパフォーマンスに影響を与えます。

Ability（能力）は，個人が職務を遂行するために必要な永続的な力です。通常は，自分の状態や周囲の状況を正しく把握し，適切な行動に結びつける認知能力を指します。能力は，知識やスキルとともに個人の仕事の成果にばらつきを生じさせるものであるといわれます（Sauermann and Cohen, 2010）。

多くの組織が最終学歴を能力のシグナルとして使用していますが（Zwick et al., 2015），これは，最終学歴が能力を測る最もすぐれた指標でもあるという考え方が根底にあります（Griliches, 1970）。

Other characteristics（その他の属性）は，職務を遂行するスキルや能力の獲得に影響を与える性格的特徴やその他の属性を指します。思考スタイルやパーソナリティ（性格特性）などが含まれます。例えば，既成概念にとらわれない思考スタイルは，一般的な認知能力よりも個人からイノベーションにつながる発想を引き出す可能性が高いといわれています（Runco, 1991）。

個人のパーソナリティは，その人を説明するために使う心理的な特性の組み合わせのことをいいます。これには，物静か，おとなしい，やかましい，攻撃的，社交的などの特性があります。

個人のパーソナリティを説明するモデルには多様なものが存在します。例えば，心理学者のゴールドバーグ（Goldberg）が提唱した「パーソナリティのビッグ５」と呼ばれる要素は，ほかのすべてのパーソナリティの基礎になっていることが数多くの研究で裏づけられています。

「パーソナリティのビッグ５」の要素とは，「経験に開放的であること」，「人当たりの良さ」,「誠実さ」,「外向性」,「安定した感情」の５つです（Robbins, 1997; Almlund et al., 2011）。

経験に開放的であることとは，ロビンス（Robbins, 1997）によれば，想像力が豊かで，芸術的感覚に富み，知的であることをいいます。また，経験に開放的であることは，個人が問題を異なる視点から見ることを可能にします（Sung & Choi, 2009）。経験への開放性は，思考が柔軟で，より幅広い解決策の代替案をもたらすため，結果として，個人のイノベーティブなパフォーマンスに結びつきます（Feist, 1998, King et al., 1996）。

人当たりの良さは，協力的で人を信頼する特性です。

誠実さは，責任感が強く，物事をあきらめない，頼りになる，という特性です。

サンとチェ（Sung & Choi, 2009）は，外向的な人は積極的で，ダイナミックで情熱的な方法で新しいことに挑戦し，対立を避けようとしない傾向にあるため，イノベーティブな成果を生み出しやすいと分析しています。

また彼女らは，感情が安定して落ち着いた状態は，より効率的な情報処理につながり，その結果，個人の高い創造性につながると主張しています。

このように，ビッグ５と呼ばれるパーソナリティ特性は，個人のパフォーマンスに対する予測因子であることが示されていますが，これに対しては異なる見方もあります。

例えばフェイスト（Feist, 1998）は，内向的であることは，外部との接触が少なく現実の縛りに囚われないため，個人がイノベーションを生み出すには良い特性であると主張しています。また，感情は安定しなさ過ぎても，反対にし過ぎても個人の仕事の成果に悪影響を及ぼし，適度なレベルの不安のほうがむしろ発明や改善につながる可能性を示唆しています。

従業員が示す誠実さは，ビッグ５の中で唯一，職務の成績と関連があることがわかっています（Robbins, 1997）。一方，あまりにも誠実すぎると，職場での変化に抵抗感を持ち，現在の組織の規範を遵守しすぎるようになり，自発性に欠ける可能性が高いという見方もあります（Barron and Harrington, 1981）。

さらにフェイスト（Feist, 1998）とアイゼンク（Eysenck, 1994）は，人当たりが悪く嫌われ者である人は，一般的には慣習に囚われない傾向を持ち，よってむしろ個人のイノベーティブ性という観点ではプラスに働く可能性を示唆しています。

個人レベルの人的資本を，個人のモチベーションから説明する研究もあります。

デウィット（Dewett, 2007）や長岡とウォルシュ（Nagaoka and Walsh, 2009）は，創造性や発明的パフォーマンスは，金銭的な報酬を期待してやる気が出る外発的動機よりも，これまでに未着手の領域にチャレンジする面白さといったような内発的動機によって引き起こされるものであると指摘しています。

2　組織レベルの人的資本と組織の成果

これまで，個人レベルの人的資本と個人レベルのパフォーマンスとの関係を見てきました。一方で，個人レベルの人的資本である経験，教育，スキルの集合体が，組織レベルの人的資本として組織に持続可能な競争優位をもたらすメカニズムに関心を持つ研究者も多く存在します（Teece, 1982; Wernerfelt, 1984; Barney, 1991; Peteraf, 1993など）。

人的資本への投資は，個人だけでなく，組織レベルのパフォーマンスにもプラスの効果をもたらすことが多くの研究で明らかになっています。

例えば，ヨーントとスネル（Youndt & Snell, 2004）は，様々な業種の上場企業を対象とした研究の結果，人的資本が総資産利益率や株主資本利益率などの業績指標に大きな影響を与えていることを明らかにしました。

ヘイトン（Hayton, 2003）は，中小企業を対象とした研究を通して，従業員に裁量を与えること，組織内の知識を共有すること，組織学習を実践することが，企業業績に大きな影響を与えることを明らかにしました。従業員の行動に裁量を与えると，従業員が自分の目の前で起こっている変化や顧客のニーズにすぐに対応し，結果として組織が環境の変化や顧客の要求に対応することを可能にしていたのです。

クルックら（Crook et al., 2011）は，人的資本と企業の業績との関係について，**図表４－１**に示す66件の研究から得られた効果をメタ分析という手法を用いて調査しました。その結果，人的資本は特にその人的資本が労働市場で容易に取引されない場合，企業業績の向上に大きな影響を与えることが明らかになりました。このことは，経営者が企業固有の人的資本を強化し，企業に留まらせることの価値と重要性を示唆しているといえます。

もっとも，必ずしも人的資本の強化が企業の業績向上につながるとは限らないとする指摘も存在します。

例えばニューバート（Newbert, 2007）は，人的資本と業績との関係を検証した33の文献を調べ，人的資本の強化が企業の業績向上に結びついていることを支持したのはわずか11（33％）であったと報告しています。

こうした指摘に対してクルックら（Crook et al., 2011）は，次の通り，先行研究の研究手法の限界を指摘しています。

すなわちニューバートが調査した文献における研究は，クロスセクション分析という，時間を追って変動する現象をある一時点で横断的に切って分析する手法を採用していました。人的資本の価値というのは経路依存的，すなわち過去の経緯によって決められた仕組みや出来事から創られる現象であるため，人的資本への投資から企業業績の間に生じるタイムラグや，人的資本の時間経過に伴う企業業績の変化を捉えることができなかったのではないか，とクルックらは推察しています。

人的資本の価値の拡大が経路依存的（過去の経緯や歴史によって決められた仕組みや出来事にしばられる現象）であるという考えは，グラント（Grant, 1991）やペンローズ（Penrose, 1959）などの研究者が説明しています。さらには，バーニー（Barney, 1991）などのリソースベースのマネジメントの研究者もこの考えを支持しています（**図表４－２**）。それは，価値があり，希少で，模倣が困難なスキルは時間をかけて開発され，それが企業間の異質性を高め，企業

図表4－1　クルックらが調査した研究

研究名	人的資本の種類	業績の種類
Bae & Lawler（2000）	マネジメントに与えるHRMの価値	企業業績
Batjargal（2005）	業界の経験，管理職の経験	売上高の伸び
Bergh（2001）	在職期間	企業合併後の業績
Berman et al.（2002）	チーム・コーチ経験	商談獲得数
Brown et al.（2007）	プロジェクトマネジメントの人的資本	企業業績
Brush & Chaganti（1999）	オーナーの資源	キャッシュフロー，雇用成長率
Carmeli（2004）	戦略的人的資源	自己収入比率，回収効率性など
Carmeli & Tishler（2004）	人的資本	効率性，回収効率性など
Carpenter et al.（2001）	CEOの海外経験	総資産利益率，株価収益率
Chandler & Lyon（2009）	教育訓練，業界経験	ベンチャー企業の業績
Combs & KetCoffD（1999）	トップマネジメントチームの経験と在職期間	総資産利益率，株価純資産倍率
DeCarolis（2003）	技術面，法律面，マーケティングの能力	総資産利益率，時価総額
DeCarolis & Deeds（1999）	本社所在地	企業業績
DeCarolis et al.（2009）	教育と社内の関係性に関する人的資本	新規発明の進捗度合い
Dimov & Shepherd（2005）	トップマネジメントチームの学歴，業界経験	株式公開/非公開割合
Edelman et al.（2005）	経営能力	営業収益率の変化
Ethiraj et al.（2005）	対顧客特殊能力	プロジェクトへの貢献
Fasci & Valdez（1998）	学歴，勤続年数	収入/利益
Frese et al.（2007）	認知能力，人的資本	成長，評価
Garg et al.（2003）	調査能力	財務リターン，売上伸長度，全体的な業績
Gong（2003）	従業員に占める本社駐在員の割合	労働生産性
Haber & Reichel（2007）	経営能力，起業前後の学歴	平均売上高成長率，平均増加従業員数，競合企業と比較した利益率など
Hatch & Dyer（2004）	統計教育，社外ベンダー教育，機械操作認定	欠陥の度合
Hitt et al.（2001）	人的資本	企業業績
Hitt et al.（2006）	人的資本	企業業績
Hmieleski & Baron（2009）	学歴，起業経験	売上高増加，雇用増加
Hult & Ketchen（2001）	組織学習	投資収益率，収入，株価

Huselid et al.（1997）	HRMの能力，ビジネス能力	総資産利益率，企業価値，従業員の生産性
Keller（2004）	リーダーシップ能力	収益性，市場投入のスピード
Kor（2006）	管理職の在職期間	生産性
Kor & Leblebici（2005）	人的資本	パートナーごとの利益
Kor & Mahoney（2005）	トップマネジメントにおける企業特殊経験	企業価値
Lee et al.（2001）	組織能力	営業の成長
Lee & Miller（1999）	組織の従業員に対するコミットメント	総資産利益率
Lopez（2003）	人的資本	総資産利益率
Luneborg & Nielsen (2003)	IT知識	企業業績
Macher & Boerner（2006）	健康指導の経験	開発期間
Manev et al.（2005）	学歴，技術・経営経験	企業業績，従業員数の増加
Menguc & Barker（2005）	販売技術，協働スキル	営業成績
Miller & Shamsie（1996）	非連続的な知的資本	営業収益
Nixon et al.（2004）	企業縮小の程度，再配置の程度，退職インセンティブ	企業価値
Park et al.（2003）	従業員のスキル，態度，モチベーション	企業業績
Park & Luo（2001）	従業員の強み	売上高増加，利益増加
Ployhart et al.（2009）	組織のサービスレベル	従業員１人当たり売上高，利益，売上高成長率
Ployhart et al.（in press）	能力に関する人的資本	労働時間１時間あたりの売上高
Powell & Dent-Micallef (1997)	IT教育	ITパフォーマンス，全体のパフォーマンス
Roth（1995）	ローカス・オブ・コントロール，情報収集スタイル，主要なビジネス経験，海外勤務経験など	収入の伸び
Schlemmer & Webb (2006)	システム統合の程度	インターネットのパフォーマンス
Shrader & Siegel（2007）	業界経験，技術の経験	収益性，営業の伸び
Simonin（1997）	協働経営の知見	投資収益率，総資産利益率
Skaggs & Youndt（2004）	人的資本	企業業績
Smith et al.（2005）	知識のストック	新製品や新サービスの数
Takeuchi et al.（2007）	組織レベルの人的資本	企業業績
Tanriverdi & Venkatraman (2005)	知識の伝播度合い，人事施策・技術の整合性	総資産利益率，自己資本利益率，企業価値
Thompson & Heron (2005)	マネジメント能力	従業員１人当たり付加価値

Tippens & Sohi（2003）	IT知識	企業業績
Van Iddekinge et al.(2009)	人的資本	従業員のリテンション，顧客サービスの質，利益
Wang et al.（2009）	商標登録	企業価値
West & Noel（2009）	ベンチャー企業経験	ベンチャー企業の業績
Wright et al.（2008）	ビジネス知識，学術知識，中小企業での経営経験	従業員数の増加，企業業績
Wright et al.（1999）	オペレータのスキル	財務パフォーマンス
Wright et al.（1995）	スキル	チームのパフォーマンス
Yeoh（2004）	海外経験	業績に対する満足度，輸出高パフォーマンスなど
Yip et al.（2000）	人的資本	企業業績
Youndt & Snell（2004）	人的資本	組織レベルの業績
Zahra & Nielsen（2002）	内部資源	技術の商業化のスピード

出所：Crook et al.（2011, pp.447-449）をもとに筆者作成

が過去の人的資本への投資から利益を得る可能性を高めるからです。

一連の調査結果は，企業が企業固有のスキルを持つ従業員を長期に育成すべきであることを示唆しています。そのような従業員は，企業に関するより深い知識を持つようになり，企業に持続的な優位性をもたらしてくれます。

図表４－２　バーニーが提唱した資源ベース理論の概念

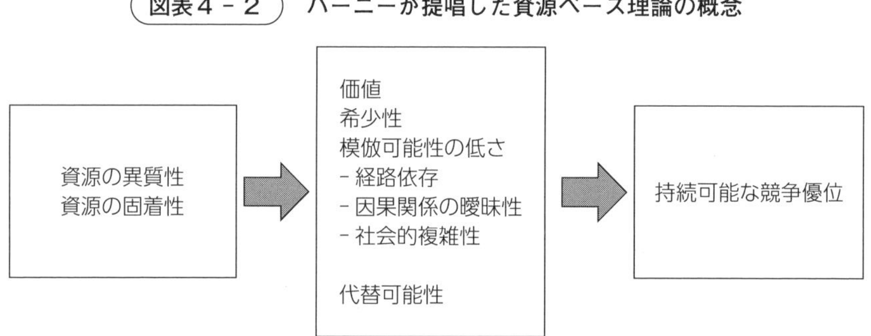

出所：Barney（1991）をもとに筆者作成

3　人的資本が企業価値の向上につながるメカニズム

これまで，個人レベルの知識，スキル，能力などの特性（KSAO）を向上させることによって，個人レベルの人的資本が強化され，個人レベルの成果（例えば，個人の業績，新しいアイデアの創出）に結びつくことを見てきました。

同時に，個人レベルのKSAOが組織レベルに集約されると，組織全体のパフォーマンスを向上させることもわかりました。

この，個人のKSAOと個人レベルの仕事の成果，個人レベルのKSAOと組織レベルのKSAO，ならびに組織レベルのKSAOと組織レベルの成果間の因果関係を服部（2020）は**図表４－３**のように表現しています。

この図表にある通り，個人のKSAOと組織レベルのパフォーマンスの間に因果関係があるということは実感として理解できそうです。しかしながら，個人レベルのKSAOがどのようなメカニズムで組織レベルのパフォーマンスにつながるかについてはあまり研究がなされていませんでした。

その結果，企業内に従業員個人が保有するKSAOの数を増やせば，それによって企業の業績が向上すると信じられてきたのです（Schmidt & Hunter, 1998）。

図表４－３　人的資本と成果にかかわる因果モデル

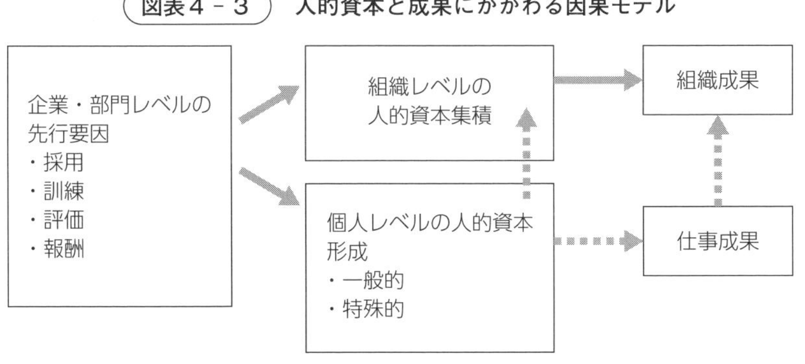

出所：服部（2020, p.157）

しかし近年，個人レベルの人的資本が組織レベルの人的資本になるまでのメカニズムを解明しようとする研究が増えてきました（Nyberg et al. 2014; Wright & McMahan, 2011など）。

プロイハートとモルテルノ（Ployhart & Moliterno, 2011）もこの点に関心を持った研究者です。彼らは，個人レベルのKSAOが組織のパフォーマンスにつながる現象を，コズロウスキー（Kozlowski）とクライン（Klein）が2000年に提唱した「創発」というプロセスを用いて説明しています。

「創発」というのは，物理学や生物学などで使われる「Emergence」（発現）という言葉を起源とする，部分の性質の単純な総和にとどまらない新たな特性が，部分の集合体である全体として現れることをいいます。

この現象を組織に当てはめてみましょう。個人レベルの人的資本が集まって組織レベルの人的資本になったとき，それは単に個々の人的資本の合計値に留まらず，個々の人的資本よりも高度で複雑な秩序が形成されるようになります。つまり，組織に持続的な成功をもたらす組織レベルの人的資本は，個人レベルの従業員のKSAOを起源とした個人レベルの人的資本から始まり，それが増幅されて，他社には真似のできない組織レベルの人的資本になるのです。プロイハートとモルテルノはこれを「創発によるマルチレベルモデル」と呼んでいます（**図表４－４**）。

この時，仕事の現場では何がどう起きているのかを考えてみましょう。

仕事を１人で行っている場合はすべて自分のペースで仕事を進めることができますが，組織で仕事をしている場合は必ず周囲との協業が必要になります。

例えば，時間の使い方を他のメンバーに合わせる必要が生じますし，仕事の進捗を確認しながら周囲と同調させる必要も出てきます。組織内のメンバーの連携が強くなれば，メンバー同士がお互いのことをより知るようになります。すると，コミュニケーションをとる機会が増え，組織内のメンバーの相互作用が強まり，お互いが共通した情報や知識を持つようになります（Ancona & Chong, 1996）。

たくさんのプロジェクトチームが日々動いている企業がよくあります。複雑

図表４－４　人的資本の創発によるマルチレベルモデル

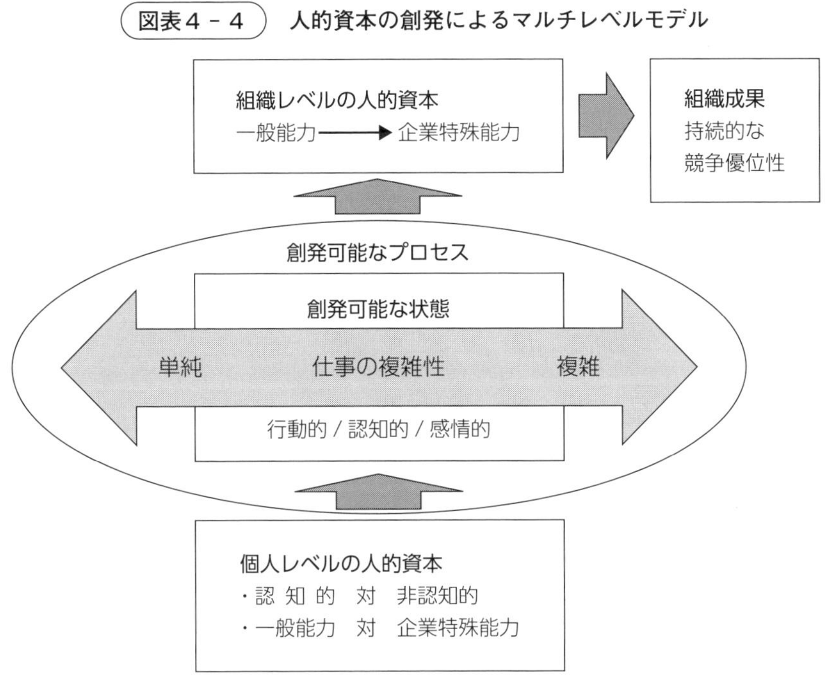

出所：Ployhart & Moliterno（2011, p.133）をもとに筆者作成

なプロジェクトでなくとも，大抵の場合はチームメンバーが定期的に集まって報告の場が持たれるでしょう。そのような場では，各メンバーが自分に与えられたタスクの進捗を方向するとともに，問題点や疑問点が共有し，その解決方法について議論がなされます。

こうしたやりとりは，タスクの報告をする本人はもちろん，他のメンバーの行動にも影響を与えます。学習のプロセスが働いているのです。

人は仕事を通して，その成功や失敗の経験から学習します。良い仕事をすれば上司に褒められるし，高い評価や昇給につながるかも知れません。自分が何らかの行動を起こしたり何かを述べたりすると，それに対して他者が反応します。その時の他者の反応を観察して，自分の行動や言動が組織に求められているかどうかを頭の中で整理します。もしそれが賞賛を示す反応であると整理されたのであれば今後もその行動を繰り返し，非難を示す反応であると解釈すれば今後その行動は繰り返されず，新たなやり方を試すでしょう。

同時に人は，そのようにして学んでいる人を見て学びます。これをモニタリングによる学習といいます。

ある人がある行動や態度を示したことによって周囲から賞賛されれば，それを観察していた人が自分も同じように周囲から賞賛されようと，その行動や態度を自分にも組み入れてみるものです。

こうした動きが組織の中の随所で行われることによって，組織のメンバーは共通の思考様式，行動様式を持つようになります。それによって，組織の能力，すなわち組織レベルの人的資本が形成，強化されていくのです。

このように，メンバー間の交流が組織レベルの人的資本の向上につながるわけですから，**チームで取り組むタスクの複雑性が増せば，さらに協業の必要性が高まり，ひいては組織レベルの人的資本の価値も増す**ことにつながります。

コズロウスキーとイルゲン（Kozlowski & Ilgen, 2006）も，組織レベルのタスクが複雑になると，その複雑さが個人の感情と認知に働きかけ，個人はその複雑さに対応するための行動を起こし，これによって人的資本の創発を促進する環境が組織内に構築されると主張しています。

個人はある対象に反応してある種の感情を抱き，行動を起こします。

感情とリーダーシップの関係についてロビンス（Robbins, 1997）は，優れたリーダーはほとんど皆，自分のメッセージを伝達する一助として感情表現に頼っており，それがメンバーの参画を促進するといっています。チームの各リーダーは，自らのタスクの遂行状況を周囲に示し，かつ感情表現を用いて周囲を動かします。その感情を受領したメンバーが同様なプロセスを走らせると，その感情が組織全体に伝播していく，これが創発です。

認知とは，情報や知識を得てその意味を自分なりに理解し，伝達する能力です。より複雑なタスクは，メンバーがより頻繁に，いたるところで認知のプロセスを発生させます。それが相互コミュニケーションにつながり，学習機会の促進，人的資本の創出につながります（Youndt & Snell, 2004）。一般的に認知能力の高い人は，特定の知識やスキルを早く習得します。結果として，より高いパフォーマンスを発揮することができるといわれています（Hunter, 1983）。

タスクの複雑性が高い状況では，組織のメンバー間で詳細な双方向のコミュニケーションをとらなければ，タスクの全体最適化が図れません。コミュニケーションが活発になると，自分が直接かかわっていない役割の仕事についても知識を持つようになります。このようにして，**複雑なタスクの経験を共にしている組織メンバーのKSAOは似通ったものになり，補完的なものになる**といわれます（Kozlowski & Ilgen, 2006）。

さらにこれは，企業特殊能力に関連する知識やスキルだけでなく，コミュニケーション，コーディネーションといった一般能力の強化が同時になされ，これも組織の能力として蓄積されていきます。

高木（1995）はこの現象を「ポリエージェントシステム（複雑多主体システム）理論」を使って説明しています。これは人間という自律主体（エージェント）が多数（ポリ）集まって関係性を持っているシステムを扱う理論です。

現在のSNSを媒介としてインフルエンサー，メーカー，小売りによる情報の共振が短期的に爆発的なヒット商品を生む現象もこれで説明できます。

組織をポリエージェントシステムとして見たとき，活動する人々（エージェント）の間には行動パターンの自己組織化が現れます。当事者たちが自律的な工夫をしたり新しいアイデアを思いついたりすることの繰り返しの過程で，それを観察する周囲とのコミュニケーションが生じ，組織の様々なところで新たな仕事のパターンが浮かび上がっては消えていきます。これこそが絶えざる再編成を可能にし，絶えざる組織学習が繰り返される組織原理となるのです。

4　ダイナミック・ケイパビリティ

これまでは競争優位の源泉としての人的資本そのものに焦点を当ててきましたが，自社の人的資本を管理する企業の能力も，同様に競争優位性の要因となると考えられています（Mahoney, 1995; Sirmon, Hitt, & Ireland, 2007）。

この点について，いわゆる**一般能力に関連する人的資本の質が高い企業ほど，環境のダイナミズムと変化に対応することができる**という研究があります（Helfat et al., 2007; Teece, 2007）。

こうした企業の能力を「ダイナミック・ケイパビリティ」といいます。例えばヘルファットら（Helfat et al., 2007）はこれを「組織がその資源ベースを意図的に創造，拡張，または変更する能力」と定義しています。

ダイナミック・ケイパビリティのモデルが示すのは，組織の人的資本とそれを生み出すプロセスは，環境の変化に応じて変化するということです（Eisenhardt & Martin, 2000; Teece, 2007など）。

ヘルファットとペトラフ（Helfat & Peteraf, 2003）がいうように，特定の人的資本が環境の変化によって競争優位性を提供できなくなった場合，その人的資本を適応させる企業の能力自体が競争優位性の源泉となるのです。

先に，企業の競争優位にとって企業特殊能力が重要であるという議論を紹介してきましたが，企業を取り巻く環境変化の激しい今日では，一般能力の獲得もまた重要であるという議論がここにあるのです。

第 5 章

人的資本の測定と評価

企業の持続的成長をより良い方法で判断するために，企業の中の「見えない資本」，いわゆる知的資本を測定して開示する方法が模索されてきました。

そして知的資本の中でも，特に人的資本に関心が集まっています。

本章では，人的資本をどのような切り口で測定すべきか，その測定結果をどのように組織内で活用できるのか，についてご説明します。

1 指標を選択する際の考え方

筆者は，**指標を選択する際の鍵は，⑴整合性，⑵継続性，⑶経営者の想い，にあると考えています。**

整合性というのは，選択する指標と組織の経営戦略との整合性，人材マネジメント戦略との整合性，企業文化との整合性です。測定し，開示する人的資本は社外のステークホルダーが企業の持続的成長を予測する指標となります。そのため，各指標の数値を見れば企業戦略が計画通りに実行されていることがわかるような指標を選択することが望ましいといえます。

人的資本の指標は，社内のマネジメントにも活用されます。企業戦略の達成を支える人材マネジメント戦略が有効に機能しているのかを選択した指標を通して確認できるようにします。

企業文化との整合性も重要です。それぞれの企業には歴史的に作られてきた特有の文化があり，それがその「企業らしさ」を創ります。数多くの選択肢がある人的資本の中から，その企業らしい指標を選ぶという視点も必要なのではないかと思います。

一般的に，何かの打ち手を講じてから効果が出て人的資本の指標に表れるまで，さらに人的資本の指標に表れてから企業のパフォーマンスに影響が出るまでにはタイムラグが生じます。したがって，選択した人的資本の指標を継続的に測定することによって，打ち手とそれによる効果の関係が確認できます。企業はひとたび人的資本の指標を選択したら，その数値の結果だけに一喜一憂せず，PDCAのサイクルを回していくことが必要です。

企業の経営者は，自分が経営する会社をどのような企業にしたいのか強い想いがあると思います。その想いを表現する指標を選ぶ，これは企業のミッションやビジョンの達成状況を指標にすることと同じことだと思います。

図表５－１　指標を選択する際のフレームワーク

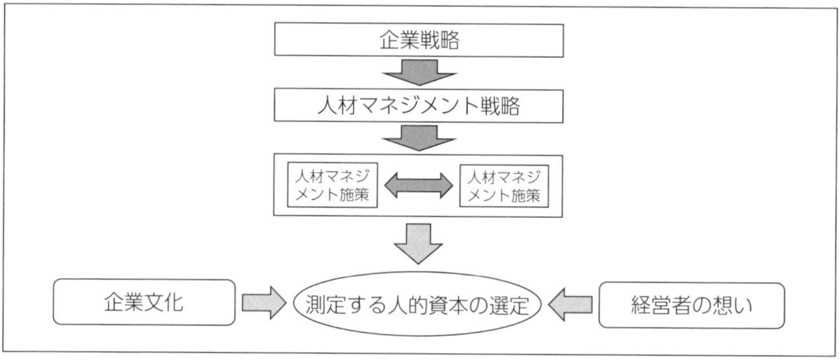

出所：筆者作成

ところで，本書で紹介する人的資本の指標には，日頃から蓄積された情報ではなく，わざわざ測定して把握しなければならない指標も含まれています。

例えば2019年から企業に義務化されたストレスチェックがその一例です。企業の中には，社員のストレス状況を日常的に把握してマネジメントに活かしている企業もありますが，ほとんどの企業では法律の定めに従って年１回だけストレスチェックを実施しているのが実情だろうと思います。この他にも，組織に対するエンゲージメントや，リーダーシップ，上司と部下の関係などに関しては，目的に応じた調査票を用いて測定する必要があります。

こうした測定は，企業が把握したい内容に応じて調査票を設計できるのが最大のメリットです。ただし，調査票の設計に時間がかかるほか，調査票の配布，収集，集計にも時間とコストがかかるデメリットもあります。そこでこうした測定を行う代わりに，企業業績の「代用変数」を用いて人的資本の把握を行うことが一般的に行われます。

例えばヒットら（Hitt et al., 2001）は，法律事務所の高いパフォーマンスを予測する人的資本の指標として，「事務所のパートナーが通ったロースクールの質」，「法律分野におけるパートナーの経験期間」が有効であるとしています。これが代用変数を用いた測定の一例です。

企業が自社の人的資本の優秀さを示す指標として最終学歴別の人員構成を用いるのも，代用変数を用いた情報開示の一例です。

これらの代用変数が将来の組織パフォーマンスを予測しているのかどうか，本当のところはわかりません。なぜなら，同じ学校の出身者全員が企業で同じく優秀な業績を収めるとは限りませんし，入社後の経験で学ぶ内容や量も異なっているはずだからです。

第４章で見た通り，**多くの研究者が特定の人的資本と企業パフォーマンスとの間には関連性があることを明らかにしています**。第４章で紹介した先行研究はすべて海外の研究例であるため，そのまま日本企業には当てはまらない場合があるかも知れません。しかし，過去の研究成果を参考にしながら，仮説を立てて特定の指標を選択し，継続的に企業パフォーマンスとの相関関係の有無を検証していきながら取捨選択していけば良いのではないかと思います。

2 人的資本の開示を支援する様々な国際機関

今日，世界中の様々な機関が人的資本の測定と開示のあり方について検討を行っており，その数は50以上あるといわれています。

本節では，その中から５つの国際機関・団体の取組みを紹介します。

① グローバル・レポーティング・イニシアティブ（Global Reporting Initiative：GRI）

最初に紹介するGRIは，サステナビリティに関する国際基準を策定している非営利団体です。

この団体が発行している国際基準である「GRIサステナビリティ・レポーティング・スタンダード」は，「共通項目」，「経済項目」，「環境項目」，「社会項目」という４つの大項目から構成されています。

人的資本関係の開示項目は，「共通項目」の中の「一般開示事項」として組織の規模や従業員の情報，企業ガバナンスの開示が求められています。また，これ以外でも「社会項目」の中で「雇用」，「労使関係」，「労働安全衛生」，「研修と教育」，「ダイバーシティと機会均等」，「強制労働」，「非差別」に関する情報開示が求められています。

② 国際統合報告評議会（International Integrated Reporting Council：IIRC）

次は，IIRCの国際統合報告フレームワークです。

IIRCは，企業の価値を効果的に開示する方法の確立を目指して2010年にA4S（The Prince's Accounting for Sustainability Project）という団体と前述のGRIによって設立された，国際的な連合組織です。

IIRCの報告書は，「統合報告」という形式になっています。ここでは，企業は自らが持つ様々な資本を活用しながら経営を行い，その結果自社の資本構成を増減させたり組み替えたりしながら，持続的な成長を図っていくものであるという見方をしています。

この報告書は，「組織概要と外部環境」，「ガバナンス」，「ビジネスモデル」，「リスクと機会」，「戦略と資源配分」，「実績」，「見通し」，「作成と表示の基礎」という８つのパートから構成されています。そして，人的資本に関わる各種の指標もこの８つの要素それぞれに分散して置かれています。

③　サステナビリティ会計基準審議会（Sustainability Accounting Standards Board；SASB）

３番目は，2011年に米国サンフランシスコを拠点に設立された非営利団体であるSASBです。

この団体が2018年11月に公表した「SASBスタンダード」と呼ばれるフレームワークは，企業と投資家の間の効果的なコミュニケーションを促進することを目的として，企業にとってビジネス上最も重要なサステナビリティに関する項目を特定し，開示するために作成されました。

SASBのフレームワークでは，「環境」，「ビジネスモデルおよびイノベーション」，「ソーシャル・キャピタル」，「リーダーシップとガバナンス」，そして「人的資本」という５つの主要な持続可能性の領域が設定されています。このうち「人的資本」の領域には安全衛生，エンゲージメント，ダイバーシティ，労働慣行に関する指標が含まれています。SASBのフレームワークの特徴は，従業員の安全衛生などすべての業種に共通して重要な指標と77の業種ごとに重要となる指標が別々に整理されている点にあります。

なお，ここで紹介したIIRCとSASBは2021年６月合併し，新団体「Value Reporting Foundation」の傘下に入りました。

④　エピック（Embankment Project for Inclusive Capitalism；EPIC）

４番目は，EPICという団体が提唱している指標です。EPICは，「包括的資本主義連合（Coalition for Inclusive Capitalism）」という世界的な非営利組織が，ロンドンに本拠を置くコンサルティング会社であるアーンスト・アンド・

ヤング（EY）と組んで，企業，アセットマネージャー，アセットオーナーとともに立ち上げた組織です。

このイニシアティブは，「人材」，「イノベーションと消費者のトレンド」，「社会と環境」，「ガバナンス」という４つの分野に焦点を当てています。その中で人的資本に関する指標としては，人的資本の配置，企業文化，従業員の健康，コーポレートガバナンスに関する指標が設定されています。

⑤　国際標準化機構（International Organization for Standardization；ISO）

５番目がISOです。ISOは，「人的資本の測定をすることによって，組織の最も重要なリソースでありリスクでもある“人”を管理する能力を把握することができる」と述べています。ISOは2018年12月に人的資本を測定する指標としてISO30414というガイドラインを発表しました。

このガイドラインにおいて，人的資本の指標として「倫理とコンプライアンス」，「コスト」，「ダイバーシティ」，「リーダーシップ」などの11領域，合計58項目のガイドラインを制定しました。

⑥　日本のガイドライン

国際機関のガイドラインを紹介したところで，日本政府が示したガイドラインについても少し触れておきましょう。

内閣官房は，2022年８月に「人的資本可視化指針」を公表しました。この指針では，人的資本の投資に係る経営者自らの明確な認識やビジョンの存在や，経営戦略・人事戦略の明確化などを前提に置きつつ，「開示事項の例」として，「コンプライアンス／倫理」，「ダイバーシティ」，「リーダーシップ」，「育成」，「スキル／経験」などの19領域が示されました。また，各領域に関して例示された開示項目については，それが自社の企業価値向上につながる指標なのか，企業の経営リスクを管理するための指標なのか，また，他社との比較で評価すべき指標なのか，企業独自で評価すべき指標なのかを検討すべきであるといった考え方が示されています。すなわちここで重要なのは，指針を参考にしながら企業がそれぞれの業態や戦略に沿うものを選び，明確な目的をもって運用すべきという点なのです。

本書では，ISO30414の分類に従って各領域における具体的な指標をみてくことにします。

複数の国際基準がある中でISO30414を中心に据えた理由は，これがヨーロッパ各国で先行した人的資本研究の延長線上にあり，過去の研究の知見が多く含まれていると思われる点，ならびに人的資本に特化したガイドラインであるため，その網羅性が実務において使いやすい点にあります。

とはいえ，本書はISO30414の解説本ではないため，それ以外の指標も含めています。また，本書におけるISOの指標に関する解釈は筆者個人の解釈であり，ISOの公式な見解ではないことを強く明記しておきたいと思います。

これまでに紹介したすべての団体が示した測定・開示指標は，あくまでガイドラインや指針ですので，企業はこれらの指標を単に集計して開示すれば良いというわけではありません。

人的資本の指標を選定するにあたって重要なのは，なぜその指標を測定・開示することにしたのか，その指標がどのような状態であれば自社が持続的に成長することを説明できるのか，という問いに答えることです。

こうした問いを念頭に置きながら，次項に示す各種の指標について読み進めていただければと思います。

3　人的資本の代表的な指標

(1)　倫理とコンプライアンス

「倫理とコンプライアンス」領域は，以下の指標で構成されています。

① 組織内の苦情の種類と件数
② 懲戒処分の種類と件数
③ 倫理・コンプライアンス研修の受講率
④ 外部機関に解決を委ねた紛争の種類と件数
⑤ 外部監査で指摘された事項の数と種類

① 組織内の苦情の種類と件数

2019年６月に労働施策総合推進法，男女雇用機会均等法及び育児・介護休業法が改正されました。これにより，企業はパワーハラスメント防止の方針を明確にして社内に周知すること，苦情処理体制の整備，被害を受けた従業員のケアと再発防止への取り組みが求められるようになりました。

厚生労働省がまとめた2020年度の個別労働紛争解決制度施行状況によると，全国の総合労働相談コーナーに寄せられた相談のうち民事上の個別労働紛争に関する相談件数は34万7,546案件あり，その中で「いじめ・嫌がらせ」が７万9,190件（22.8%）で最も多く，次いで「自己都合退職に関するもの」が３万9,498件（11.4%），「解雇」３万7,826件（10.9%），「労働条件の引き下げ」３万2,301件（9.3%），「退職勧奨」２万5,560件（7.4%）と続きました。

こうした相談は組織内で解決に向けての対応がなされ，それでも解決されない場合に労働基準監督署などの外部機関に相談するのが一般的な流れになります。したがって，組織内だけで解決された苦情案件を含めるとかなりの件数に及ぶものと推察することができます。

こうしたことの背景について，土屋（2008）は，個別労働紛争の相談や解決にあたる組織や制度の整備が進んできたことに加えて，企業において解雇や労働条件の切り下げなどが増加してきたこと，企業に対する従業員意識の変化，企業内の苦情処理システムの弱体化などをあげています。

組織内の苦情は，組織とその当事者だけでなく，周囲の従業員にも悪影響を与えます。**企業にとっての最も大きなリスクは，健全とはいえない企業文化が形成されてしまうことです。**

そのため，企業文化の健全性の代用変数として，苦情の種類と件数だけではなく，それぞれの苦情への対応状況（未対応・対応中・対応済）や苦情対応完了率を測定し，常に状況を把握しておくことが望ましいといえるでしょう。

②　懲戒処分の種類と件数

懲戒処分の種類や件数は，企業にとって社外への報告義務がない情報であるのに加え，企業の中でも限られた人しか把握されないのが通常であるため，なかなか表に出てこない数字です。

そんな中，かなり古いデータにはなりますが，財団法人労務行政研究所が2012年に調査した結果が公表されています。この調査は，国内の上場企業と大手非上場企業あわせて3,765社を対象に実施され，そのうち回答のあった170社についての状況です。

これによれば，**図表５－２**に示す通り，調査の直近１年間に発生した懲戒処分の件数は，最も軽い段階の処分である「戒告・譴責」が61社（合計221件），最も重い処分である「懲戒解雇」は19社（合計40件）でした。

この件数が多いのか少ないのかは何ともいえません。

アンケート調査の回答率が４％程度と低く，回答した企業がたまたま社内で懲戒処分の多かった企業なのか，あるいは逆に少ないと感じていたから調査に協力したのかがわからないからです。

図表５－２　年間懲戒処分の種類別発生件数

懲戒処分の種類	発生者数（総件数）
戒告・譴責（注意処分・訓告・始末書含む）	61社（221件）
減給	36社　(97件)
出勤停止	18社　(63件)
降格・降職	22社　(38件)
諭旨解雇	24社　(48件)
懲戒解雇	19社　(40件)

出所：労政時報　第3829号

ただし，例えばこのような件数は，他社と比較して少ないから良い，というものではありません。そこで，世間水準との比較ではなく，自社内での件数推移をみるべきでしょう。

この指標のように，数値が0「ゼロ」であるのが当たり前，という指標を当たり前のように開示し続けるのも，一見地味ではありますが企業の姿勢とコンプライアンスマネジメントの実効性を示すうえで良いことかもしれません。

③ 倫理・コンプライアンス研修の受講率

筆者が初めて外資系企業に入社したのは今から20年以上前になりますが，その企業では当時から倫理・コンプライアンス研修を全従業員に対して毎年実施していました。

アメリカの企業は従業員に仕事を委ねる代わりに，何かあった場合には自己責任をとらせることによって効率とリスクのバランスをとっており，毎年の倫理研修はそのための手続きのように感じました。つまり，倫理研修を受けたのだからその範囲で責任をもって自由にやれといわれているようだったのです。

上記とは別の，これも有名な企業理念を持つ外資系企業では，毎年倫理・コンプライアンス研修を全社員に対して実施し，受講後は「内容を理解し，これに沿って倫理・コンプライアンスを遵守する」と書かれた書類にサインさせて証拠として保管していました。

すなわちこの指標を管理することにより，①企業の倫理・コンプライアンスに対する姿勢を社内外に示すことができる，②倫理やコンプライアンスに反する事件の発生リスクを低減させることができる，③万が一，事件が生じた場合に企業が管理責任を追及されるリスクを低減させることができるのです。

倫理・コンプライアンス研修の受講率を情報として蓄積していくと，この情報と他の情報を組み合わせた分析ができるようになります。

例えば，倫理・コンプライアンス研修の受講率と社内の懲戒処分件数には相関関係はあるのかどうか，苦情の件数とはどうか，などです。こうした分析につなげなければ，準備する側も受講する側も相当の時間とコストを費やしている取組みが形式的な取り組みに終わってしまいます。

また，**倫理・コンプライアンス研修をうまく行えば，従業員の「誠実さ」を高めることにつながる可能性もあります。**既に見たように，「誠実さ」というパーソナリティは，広い職業において職務の成績を予想する特性であることがわかっています。

④　外部機関に解決を委ねた紛争の種類と件数

労務問題は職場の上司や同僚との間で生じることが多く，その場合に従業員は企業の人事部門や労働組合などに相談にいくのが一般的です。しかしながらそれでも解決しない場合は，外部機関に解決を委ねることになります。

例えば，「労働条件相談ほっとライン」という，違法な時間外労働や賃金不払残業などの労働条件に関するトラブルを相談できる窓口があります。

また，都道府県労働局には，①総合労働相談コーナーにおける情報提供・相談，②都道府県労働局長による助言・指導，③紛争調整委員会による斡旋，という３つの紛争解決援助制度が用意されています。

労働条件相談ほっとラインや都道府県労働局の総合労働相談コーナーは紛争当事者に一定の措置の実施を強制するものではありません。したがって，このステップまで踏んでも解決できない案件は，企業側と労働者側が歩み寄れない状態になっていることが多く，第三者を交えての交渉が必要になります。

すぐに頭に浮かぶのは民事訴訟ですが，これは公開で行われるため企業イメージが悪化するリスクがあったり，答弁書などの準備に高度な専門性が求められたりするため，弁護士を代理人に立てることが必要になります。

そのため民事訴訟に進む前に検討したいのが，都道府県労働局の紛争調整委員会による斡旋です。これは，裁判に代替する紛争解決手段（Alternative Dispute Resolution：ADR）という争解決手続のことです。

ADRは，手続きが裁判に比べて迅速かつ簡単，費用が無料で問題を早期に解決できる可能性があり，かつ内容は関係者以外に非公開でプライバシーが保護されるということが利点として挙げられます。

裁判を選択する場合も，いきなり民事訴訟に進む前に，「労働審判」という手続きを検討する余地があります。

労働審判では，裁判官（労働審判官）と労働審判員２名で構成されたチームが，労働紛争の争点の整理や証拠調査などを実施し，原則３回以内の期日で審理したうえで話合いでの調停を試み，それでまとまらなければ解決案の提示（労働審判）を行います。民事訴訟とは異なり，手続きは非公開で行われ，訴訟をした場合と比べて掛かる時間が平均して約４分の１以下と大幅に短く，その分コストも低いという点が特徴です。また，調停による合意の成立や提示された解決策に異議がない場合は，裁判上の和解と同一の効力を有します。ただし，この労働審判に対する異議申立てがあれば，その先は訴訟手続に移行することになります。

企業側と労働者側が歩み寄れない状況になると，紛争解決のために双方が多大な時間とコストを費やすことになります。このようなコストがかかるくらいであれば，そのコストを，日ごろから労使関係の安定のために使ったほうがどれほど良いのか，賢明な経営者であればご理解いただけると思います。

⑤　外部監査で指摘された事項の数と種類

外部監査と聞くと，一般的には公認会計士等によって実施される会計監査が頭に浮かびます。会計監査で人事部門に関連した指摘があるとすれば，従業員に対する賃金の処理等に関するものでしょう。

人的資本に直接関係のある外部監査といえば，労働基準監督署による外部監査，年金事務所や会計監査院，ハローワークによる監査があります。

労働基準監督署（以下，「労基署」という）では「臨検」や「監督」と呼ばれる立ち入り調査を実施します。労基署は，企業が労働関係法規を遵守しているかどうかを調査し，違反があれば，企業に対して是正勧告書を行います。また，法違反とまではいかなくても，法の趣旨から改善が望まれる点があれば，企業に対して改善報告を求めます。

年金事務所や会計監査院は，社会保険の手続きが適正に行われているか否かの観点で監査を実施します。

また企業は，法律に定められた一定割合以上の障がい者を雇用する義務があり，この法定雇用率が大幅に未達の場合は管轄のハローワークから障がい者の雇入れ計画書の作成命令や行政指導が行われ，それでも対応しない場合は，社名が公表される場合があります。

外部監査で指摘された事項の件数や種類を公表するのは企業にとって勇気がいることではあります。しかしながら，**人的資本の開示は企業のきれいな姿を見せるだけでなく，現在はうまくいってなくとも，それに対して真摯に取り組んでいる姿勢を見せることによって，社内外のステークホルダーから信頼を得られる**ことにつながります。

⑥　そ の 他

●懲戒委員会議事録整備率

会社が懲戒委員会を設置しなければならない法的な義務はありません。しかし，多くの企業の就業規則には，懲戒事由に抵触した場合は懲戒の程度を懲戒委員会で審議して決定することになっているのではないかと思います。

懲戒委員会議事録整備率を把握しておくべき理由は，懲戒委員会議事録の内容は労働基準監督署に対する解雇除外認定を受けるための重要な書類となり，また，労働紛争等が生じた場合に企業側の処分の客観性を裏付ける重要な書類となるためです。

ところで，企業の労務担当者を悩ませるのは，就業規則の懲戒事項に抵触している各案件についてどの程度の処分が適当なのかということでしょう。

先に参照した，労政時報（第3829号）は，30のモデル懲戒事例を設定し，企業がそれぞれの懲戒事例に対してどの程度の処分を与えるか，というユニークな調査の結果が紹介されています。

例えばモデル事例として「売上金100万円を使い込んだ」という設定があります。

これに対し調査回答企業の77.9%が懲戒解雇処分に相当すると回答し，次いで23.5%が諭旨解雇処分，降格が9.4%，出勤停止が8.7%と続きました。

他には「兼業禁止規定があるにもかかわらず休日にアルバイトをしていた」という事例に関して最も多かった回答が戒告・譴責・注意処分の42.3%，次いで懲戒解雇と減給が19.5%で並んでいます。

同じ事例に対して懲戒解雇と減給処分が同じ割合で選択されている点は興味深いと思います。それだけ企業の価値判断基準が異なるわけです。

懲戒処分の種類は「世間的にみて常識の範囲」から適用することが多いので，こうした調査は非常に興味深く企業にとって有用だと思います。

⑵ コスト

「コスト」領域は，以下の指標で構成されています。

① 総人件費
② 外部人件費
③ ペイ・レシオ
④ 総報酬
⑤ １人当たり採用コスト
⑥ 採用コスト
⑦ 退職関連コスト

① 総人件費

総人件費には，正社員，契約社員，パートタイマーの給与および社会保険料，人材派遣料，業務委託費など人に関わるすべての費用を含めます。

企業によっては，直接雇用である正社員，契約社員，パートタイマーの費用は人事部門で管理し，派遣料や業務委託料は購買部門が管理していることがあるので，こうした場合は情報の統合が必要になります。

例えば正社員の要員管理を厳格に行っている企業では，コスト削減のための経営判断で正社員の新規採用を期の途中で凍結することがあります。そうすると，現場は正社員を採用する代わりに派遣社員や業務委託の数を増やして業務をこなそうとします。結果として正社員の数は増加していないものの，総人件費は増加するという現象が生じる可能性があります。それでは企業全体としてのコスト管理にはならないため，このように人に関わるすべての費用を把握する必要があるのです。

②　外部人件費

外部人件費は，企業と直接雇用契約を結んでいない派遣，業務委託，ギグワーカー，コンサルタント等へ支払った費用の総額です。これについては絶対金額もさることながら，総人件費に占める割合を把握することによって，自社における雇用形態別の「人材ポートフォリオ」の状況が確認できます。

「ポートフォリオ」というのは，そもそも金融投資等で様々な金融商品を組み合わせて分散投資をすることによって投資のリスクとリターンのバランスをとるための考え方です。これを「人材」に取り入れて，様々な雇用形態の人材を組み合わせて活用することにより，コストと成果のバランスをとるための手法ということができます。

企業は業績と費用の連動を強めたければ，総人件費のうちなるべく変動費化が可能な外部人件費の割合を高めたいわけですが，それは知識や経験が企業の外に流出するというデメリットも伴います。そのため，職務の内容とプロセスの設計をきちんと行い，外部人材の役割を明確にしておくことが必要です。

③　ペイ・レシオ

ペイ・レシオは，企業のトップの報酬が自社の平均的な従業員の賃金の何倍かを示す指標です。

アメリカではリーマンショック後に失業者が増えた一方で，経営者が高給を得ていることに対して社会的な批判が集まり，金融規制改革法（ドッド・フランク法）の定めで2017年の決算期からこの指標の開示が始まりました。

2021年６月27日の日経新聞では，米ナイキのペイ・レシオが1,935倍，コカ・コーラが1,621倍，マクドナルドが1,189倍，ウォルマートが1,078倍であることが紹介されています。

ペイ・レシオは，役員を除く全従業員の年収の中央値と企業トップの年収を比較して，その比率を割り出します。例えば，前者の金額が500万円で後者が１億円だとすれば，ペイ・レシオは20：１だとか，20倍だ，という言い方をします。

これと全く同じ算出方法ではありませんが，東洋経済新報社（2020）は上場企業の有価証券報告書をもとにして，役員の平均報酬と従業員の平均給与と比較してその格差を算出しています。これによれば，役員の平均報酬が従業員の平均給与の10倍以上である企業は165社あり，その最大値は175倍であることが報告されています。昔から日本企業は一般従業員と役員の報酬に大きな差はないといわれていますが，この結果をアメリカ企業のものと比較するとその実態がわかります。

ところで，ペイ・レシオは違う使い方にも適用できます。

例えば，同じ職種の同じくらいの難易度の仕事を担当している正社員と契約社員の平均年収の比率を算出します。この際，契約社員の就業時間が正社員よりも短い場合は，フルタイム勤務したと仮定した金額に年収を修正して比較します。これによって，同一労働同一賃金が実現しているかを把握することができます。

また，ペイ・レシオと似た考え方として「年間報酬総額比率の増加率」というものがあります。

これは，企業トップの年収の増加率の，役員を除く全従業員の年収の中央値の増加率に対する比率を見る指標です。

④ 総報酬

企業から従業員に支払われる報酬は金銭的報酬と非金銭的報酬に分けられ，両方を合わせてトータルリワード（Total Rewards）といいます。

金銭的報酬には給与（含，通勤手当，出張手当，時間外手当，食事手当，住宅手当などの各種手当），法定福利厚生費（社会保険料など），法定外福利厚生費（会社負担で加入する生命保険料，企業年金の費用，慶弔金，社員旅行費用），教育訓練費が含まれます。

非金銭的報酬とは，成長の機会，職場の支援，働きやすい環境，感謝のメッセージなどです。

このうち金銭的報酬に目を向けた時，企業は給与以外にも多額の金銭的投資を従業員に対して行っていることがわかります。にもかかわらず，従業員はとかく毎月の給与の額だけに目が行きがちです。そのために年金制度を廃止して，その分のコストを毎月の給与に上乗せする対応をとる企業も出てきています。他方，給与は他社と同等でも福利厚生や教育研修に多額の投資をしている企業もあります。

このように，**企業から従業員への金銭的投資を測る際は，月例給与の金額だけを他社比較するのではなく，総報酬を比較してはじめて目線を合わせることができます。**

ある企業は，自社が従業員に対して給与以外の多くの投資をしていることを伝えるために，通常の給与明細書とは別に，総報酬明細書の作成を試みました。人的資本に対する投資金額を正確に測定し開示するために，こうした取り組みをする企業がこれから出てくるものと思われます。

⑤　１人当たり採用コスト

いくら早く採用したいからといっても，好きなだけ採用費をかけることができる企業は少ないでしょう。採用を早めるためには，例えば外部の採用エージェントの利用が考えられますが，一般的に入社に至った場合の成功報酬は，入社した人の年収の30%程度以上といわれ，企業にとって大きなコスト負担になっています。

企業によっては経費管理上，採用費をどの部門が負担するかが異なります。ある企業では採用費は採用（配属）部門が負担するルールになっていて，この場合には各部門は自部署の採用予算内で採用活動を行う必要があるため，できるだけ採用エージェントの利用を抑え，求人広告や社内の従業員紹介制度などを利用した，いわゆるダイレクトソーシングの手法で採用することを試みます。

これに対して，人事部門が全社の採用費を負担する場合もあります。この場合には，各部門としてはコストがいくらかかろうがなるべく早く人を採用したいというインセンティブが働くため，費用が高くてもインダイレクトソーシング，すなわち外部のヘッドハンターや採用エージェントの利用に積極的になります。そのため，人事部門でのコスト管理が難しくなるのです。

人事部門としては各部門公平に採用予算を使用したいと思うところですが，各部門としては部分最適の思考に陥るので，ここで両者の綱引きが生じることになります。

採用予算は，採用エージェントへの成功報酬の支払いのほか，採用媒体の使用料，採用イベントの開催費，それに伴う人件費，人事部門のスタッフが採用活動に関わる部分の人件費などから構成されます。

これらのすべての費用を採用人数で割り合わせたものが，１人当たりの採用コストです。１人当たりの採用コストは，新規学卒者採用の有無によっても異なってきますが，筆者がこれまで運営に携わっていった企業の場合は，年間約50人の中途採用数に対して１人当たり採用費を約150万円程度予算化していました。採用職種にもよりますが，昨今の売り手市場を考えると，１人当たり採用費用は200万円程度を見込む必要があるかもしれません。この金額は平均値であり，実際には応募者からの直接応募（コストゼロ）からシニアクラスの採用に要する数百万円のコストまでばらつきが生じます。この割合を管理することで１人当たり採用コストをコントロールしていくのです。

⑥　採用コスト

採用対象が新規学卒者採用と中途採用の両方である場合は，１人当たり採用コストはあまり意味を持たない可能性があります。それは，新規学卒者採用はダイレクトソーシング，すなわち企業が直接候補者とコンタクトして採用するやり方が一般的であるのに対し，中途採用者はインダイレクトリクルーティング，採用エージェント経由の採用が一般的であり，そのコスト構造が異なるからです。

この場合，企業は過去の採用対象別の人数と総採用コストの推移を見ながら次年度の採用コストを計画していくことになります。

採用コストの把握が重要なのは，金額の大きさそのものの確認もさることながら，その説明責任が出てくる点と，採用への投資効果を測るためにあります。

説明責任というのは，言い方を換えれば，どのようなストーリーで採用予算を立案し，実行したかということに関して説明することが必要だということです。採用媒体には様々なものがあり，現在はその対象がかなり細分化しています。テレビCMを見るとついその会社のサービスを使えば優秀な人を採用できるという気持ちにもなります。しかしながら，ある人材紹介サービスが得意としている業界や職種と自社の求人がマッチしておらず，有名な企業のサービスを利用しているのにあまり紹介がない，あるいは逆に紹介件数は多くても期待する経歴の人がほとんどいない，という状況がしばしば生じます。

採用活動の成果は，いかにコストを抑えて多くの人を採用したかではなく，採用した人が組織に価値をもたらしているか，ということにあります。

そこで，把握した採用コストを単独で見るのではなく，例えば採用後３年間に付加的に生み出した企業の価値などと組み合わせて測定することで，採用活動のパフォーマンスを確認することができるのではないかと思います。

⑦　退職関連コスト

退職関連コストには，退職金や年金として支払うためのコストがありますが，通常これらは事前に積立てをしておくので，前述の人件費に含まれる形で把握することが一般的かもしれません。

なお退職関連コストとは，通常の退職金や合意退職のための退職加算金のほか，退職交渉に費やした時間，退職者を補充するまでの代替要員の人件費，退職者を補充するための採用コスト，その人が入社するにあたって要するコストが含まれます。そのためこれらは，退職が発生しなければかからなかったコストです。

以上がISOのガイドラインに含まれる指標ですが，企業のコストを把握するには他にもいくつかの視点がありますので，次に紹介します。

⑧ その他

a）平均年収

自社の給与水準が他社と比べて高いのか低いのかは経営者として気になるところです。そこで従業員の年間平均年収を算出して他社と比べてみます。

上場企業の平均年収は，金融庁が運営するホームページ「EDINET」や各企業のホームページで閲覧可能です。未上場の企業であっても，上場企業の中からできるだけ同じ業界で同程度の人員構成（これは同じく有価証券報告書に記載されている従業員数や平均年齢，平均勤続年数が参考になります）の企業を探して比較してみると良いでしょう。

平均年収の情報は，平均年齢，平均勤続年数の情報とともに経年変化を見て，賃金水準の改善状況を確認することにも役立ちます。

b）賃金のばらつき

賃金のばらつきというのは，同年齢（あるいは同じ資格等級など）の従業員の賃金格差を通して自社の賃金構造の特徴をつかむ指標です。

算出式には様々なものがありますが，例えば都留ら（2005）の研究では，次の考えで企業における賃金のばらつきを調査しています。

月例給与額の上位75％（第１四分位数）÷月例給与額の上位25％（第３四分位数）×100（％）

この数値は，どの程度だと良いという目安はありません。一般的には，年齢が高くなると賃金のばらつきが大きくなります。

例えば令和２年度の厚生労働省の賃金構造基本統計調査をもとにしてその倍率を算出してみると**図表５－３**のようになります。

図表５－３　賃金プロファイルの上位25%層と75%層の間での賃金の開き

区　分	年齢計	30歳～34歳	35歳～39歳
産業計大卒（規模計）	1.78	1.38	1.49
産業計大卒（1,000人以上）	1.91	1.42	1.58

注：数値は，「第３四分位数」÷「第１四分位数」
出所：令和２年賃金構造基本統計調査をもとに筆者作成

いわゆるジョブ型の賃金制度を導入した企業は，制度導入後は継続して制度が意図通りに運用されているかどうかを確認する必要があります。賃金のばらつきを確認することはその１つの方法です。

ｃ）コンパレシオ

コンパレシオ（Compa. Ratio）というのは，自社のサラリーテーブルにおける従業員の賃金水準を示す指標です。一般的に次の計算式で計算します。

特定の従業員の年間賃金÷当該従業員に適用されるサラリーテーブルの中央値×100（%）

サラリーテーブルが整備されていることが前提となりますが，コンパレシオが100%ならば，自社が特定した人材マーケットの賃金水準に合致している，ということを意味します。**企業は特に企業に留まってほしいと考える従業員のコンパレシオを見て妥当な賃金水準になっているかどうかを確認すべきです。**またコンパレシオを企業全体で見れば，自社が賃金を市場と比べて多めに支払っているのかどうかを把握することができます。

このようにコンパレシオは，個別賃金を調整する「モノサシ」の役割を果たし，企業の賃金水準の適正さを測るうえで重要な指標となります。

コンパレシオを正しく算出するうえでの最大の課題は「特定した人材マーケット」の賃金水準が正しく入手できるかどうかにあります。

「ジョブ型」の人事制度を持つ企業であれば，どの職務にどの程度の給与を支払っているかというデータを外部のコンサルティング会社を通して入手することは，コストはかかるものの比較的容易です。とはいえ，こうしたデータをきちんと整備し調査しているのは外資系企業か日系大手企業がほとんどであるため，そうした企業が競合にあたらない場合には真に比較したい人材マーケットの賃金水準の把握が難しくなります。ましてやジョブ型雇用を導入していない企業は，通常こうした観点で自社賃金水準の競争力を見ていないため，結局は性別や学歴，年齢や勤続年数に基づく賃金データをよりどころにすることとなりますが，一般に公開されている競合他社の求人情報などをヒントにして疑似的にでもデータの整備を進めてみてはいかがかと思います。

d）変動給比率

この指標は，給与の全体に占める変動的な給与（企業や個人の業績によって金額が変化する給与）の割合を把握することによって，業績変化に対する給与コストの柔軟性をつかむ指標です。

企業の立場から考えると，企業におけるコストの大きな部分を占める給与はなるべく固定費としてではなく，業績に応じて支払う変動費にしておきたいところです。一方で従業員の立場からすれば，給与の金額は保証されていたほうが安心です。

すべての給与を仕事のパフォーマンスや業務態度，企業業績にかかわらず支給を保証してしまうと従業員は働かなくなるというのが，マグレガーが示したX理論でした。X理論に基づく人間観によれば，人は本来的に仕事が嫌いなので何かしらのニンジンをぶらさげないと怠ける，そこで変動給の比率を高めて，たくさん働いて良い結果を出した場合にだけ変動給を支払うようにするのです。もっとも，変動給の部分をあまりにも高めてしまうと，最初からやる気を起こさない場合もあるのでどの程度にするかは注意が必要です。

日本企業の多くは，慣習的に夏と冬に賞与を支給します。もしもこれを変動給として捉えると，月給12か月分に対しておよそ４か月から５か月を占めますので，変動給比率は25%から30%くらいになります。

この変動給比率の大きさは欧米の企業と比較しても同程度のように感じます。ただし，欧米の企業に導入されている変動給に比べると日本企業の変動給というのは実際に支給される確率が高く，ほとんど固定給に近いというのが実態ではないでしょうか（個人の評価によって多少金額が変わるものの，その差もわずかなものである場合が多い）。

そのため，変動給比率というのはモデルケース（変動給が支給される条件を100%満たした場合に支払われる金額）で算出する場合もありますが，コスト柔軟性の実態を把握するためには実績ベースの報告を確認する必要があるのです。

e）法定外福利厚生制度利用率

福利厚生制度には，例えば健康保険など法律で導入が定められている制度と，法律に関係なく企業が独自に設ける法定外福利厚生制度があります。

近年ではユニークな法定外福利厚生で注目を集める企業もあります。

この法定外福利厚生を充実させることが他社との差異化になり，従業員満足度の向上が期待できる重要な要素となります。

法定外福利厚生制度の運用において把握する必要があるのは，その利用率です。利用率は，その制度の支持率の表れだからです。

企業が自己保有の保養所を手放して福利厚生代行サービスへ移行している流れはこうした分析によるものでしょう。今後は，福利厚生代行サービスが提供するサービスの中での利用率を把握して，より自社にとって最適なプログラムを導入する動きになっていくのではないかと思います。

日本では同一労働同一賃金の考えから，基本給や賞与，各種手当とともに福利厚生についても不合理な待遇差を解消することが求められています。これは，すべてを全く同一にすることが要求されているわけではなく，差がある場合にはそれについて合理的な説明を求められているわけです。とはいえ，合理的かどうかの見解は立場によって異なる可能性があることが難しいところです。

こうした日本の動きとは反対に，GRIのガイドラインでは，非正規従業員には提供していない質の高い法定外福利厚生制度を正規従業員に対して提供することは正規従業員の定着にとって重要な要素であるとして，そうした手当についての報告を求めています。

⑶　ダイバーシティ

「ダイバーシティ」領域は，以下の指標で構成されています。

①　組織メンバーの多様性（年齢，性別，障害の有無，その他）
②　経営陣の多様性

①　組織メンバーの多様性

a）年　　齢

組織メンバーの年齢や性別は最も基本的な組織情報として古くから公表されてきました。

そんな中，近年，年齢については「エイジダイバーシティ（age diversity）」という表現が用いられるようになっています。

これについて例えば吉田（2016）は，「年齢の違いは組織に活力をもたらす源泉という認識に基づき，年齢の多様性を活かすこと」と定義しています。

エイジダイバーシティに関しては，特に高齢者の活用について関心が高まっています。筆者は，単に定年再雇用率を公表する，というやり方はあまり意味がないと考えています。そもそも法律では，定年を迎え引き続きその企業で雇用され続けたいと意思表示をした労働者を雇用する義務があるので，再雇用者率は100％に近いことになります。

企業が把握すべきは，**その企業にとって重要なポジション，あるいは重要な技術ごとに，在籍者の年齢層別の人数または割合を集計した年代間のパイプライン**ではないかと思います。

これによって，「企業の中に多様な年代層の従業員が在籍しているので多様な意見がでてくるだろう」といったような楽観的なものではない，企業の持続的成長にとって目に見える有用な情報になるのではないかと考えます。

エイジダイバーシティの観点ではこの他にも，年齢階層別の女性比率を把握する見方もあります。この点については，30歳代の正社員女性比率が高い企業ほど利益率が高くなるという研究結果があります（山本，2014）。

b）性　別

女性の活用に関しては長い間議論されてきており，この間，雇用機会均等法をはじめ様々な法的整備がなされてきました。

しかしながら，世界経済フォーラム（World Economic Forum：WEF）が2021年３月に公表した男女格差を測定する「ジェンダーギャップ指数（Gender Gap Index：GGI）」では，日本の順位はいまだに先進国の中で最低レベルとなっています。この指数は，各国の社会進出における男女格差を，政治，経済，教育，健康の４つの分野から測定しており，特に政治と経済の順位が低くなっています。

これまでの研究を通して，女性の活用と企業業績の間には正の相関関係があることがわかっています。

例えば，山本（2014）は，上場企業約1,000社の2003年～2011年までのパネルデータを用いて，女性の活用と企業業績の関係を調査しました。その結果，正社員女性比率が高いほど企業の利益率が高まる傾向があることがわかりました。特に，中途採用の多い企業やワーク・ライフ・バランスに関する施策が整っている企業では，正社員女性比率の影響がより顕著に表れていました。

それでは次に，今後の女性の活用につなげるために把握しておくべきその他の指標をいくつか見てみましょう。

b)-1　女性採用率

多くの人がそうすべきと思っているのに，そうする人がほとんどいない，ということがよくあります。女性の採用もそれに似ています。

企業業績を高めるために正社員女性比率や管理職女性比率を高めることが必要であると認識していても，誰かが採用するだろうと考えて行動を起こさなかった結果，採用者の性別を調べると圧倒的に男性が多いということがしばしば観察されます。

そこで，全体の採用者数のうち女性がどの程度を占めているかを示す女性採用率をタイムリーに測定しておくことが必要となります。

採用する現場では，採用要件を満たせば性別はどちらでも構わないというケースがほとんどだと思いますが，職種によってはそもそも採用市場に女性が少ない場合があるので，採用候補者の母集団を形成する際には意識して女性の候補者を集める活動をしないと結果的に女性の採用数増加にはつながりません。

b)-2　男女の報酬水準差

多くの日本企業が採用している職能資格制度のもとでは，賃金は年功の性格を帯びやすくなります。出産や育児などで職場を離れるのはこれまで女性が中心であったため，復帰後も通算勤続年数や役職在任年数で男女差が生じ，これが男女の生涯賃金格差につながっています。

ジョブ型の人事制度を採用している場合は，従業員の報酬は担当するジョブに対して支払われることになるため，仮に女性が育児のためにキャリアを中断したとしても，職場に戻れば同じジョブに就いている男女間の報酬差は生じないことになります。本指標はこの点を確認するためのものです。

具体的には，女性の基本給と報酬総額それぞれの中央値と，男性のそれに対する比率を測定します。これを従業員区分や格付け等級，同じような役割を担っているグループ別に層別して測定するのです。

とはいえ，年功的な賃金制度だけが男女の賃金格差を生んでいるわけではありません。男女の賃金格差はジョブを基準とした賃金制度を採用している欧米の先進国でも見られる現象です。

この課題を解決するために，例えばアメリカでは，新規採用の際に雇用主が求職者に前職の給与を聞くことを禁止する法律や規制の導入が進んでいます。過去の給与歴に基づいて新たな職場の給与を決めていたら，過去の賃金男女差が是正されないという考えからです。

b)-3　女性昇格比率

先に，中堅企業や中途採用の多い企業では，管理職女性比率が利益率にプラスの影響を与えることを紹介しました。女性管理職を増やすには，短期的には中途採用によって対応することになると思いますが，同時に将来に向けた内部育成の取り組みが重要になります。

内部育成の効果を確認するために，管理職に相当する社内格付けになるもっと前の段階から，昇格した従業員のうちどの程度女性が含まれているかを把握することによって，企業が女性リーダーの育成に向け計画的に取り組んでいるかを確認していくべきでしょう。

b)-4　退職者に占める女性の割合

女性従業員の比率を高めるために女性の採用に注力しても，採用した女性がすぐに退職してしまっては採用への投資が無駄になってしまいます。そこで，女性採用率の把握と同時に，退職者に占める女性の割合を確認しておく必要があります。この指標は，企業のいわば「女性活用力」とでもいうべき指標です。

女性が退職する場合，出産や育児，配偶者の転勤などのライフイベントが伴うことが男性の退職理由と比べて多くなります。しかし，退職の穴を埋めるための新たな採用コストや採用後の教育コストなどを勘案すると，コスト面だけから考えても女性従業員が退職をしないで済むような措置をとるほうが有利であるという経済産業省の試算も出ています。

b)-5　育児休業取得率

育児休業取得率の計算方法は男女で異なっており，次の計算式で求められます。

【男性】育児休業取得者数÷配偶者が出産した社員数×100
【女性】育児休業取得者数÷出産した社員数×100

厚生労働省「雇用均等基本調査」によれば，2020年の民間企業に勤める男性の育児休業取得率は12.7％と過去最高値を示しました。

しかしながら，依然として女性の取得率（81.6％）とは大きな差があり，また取得期間は短く，女性の約６割が１年前後の育児休業を取得するのに対して，男性の約７割は２週間未満という状況になっています。

女性の育児休業取得率は統計上では約８割を超えていますが，大和総研（2021）は，この数字はあくまで職場の在籍中に出産した女性に占める育児休業取得者の割合であり，出産前に既に退職していた女性は分母に入らないので，出産した女性の人数を分母にして女性の育児休業取得率を計算すると，未だその割合は４割程度であると指摘しています。

政府は引き続き男女ともに育児休業の取得を促進するために，企業による従業員への育休取得の意向確認の声かけを義務化するなど，ルールの整備を行っています。

また，2023年４月１日から従業員数1,000人超の企業は「育児休業取得状況」を公表することが義務づけられます。こうした情報はすぐにマスコミやSNSなどから拡散され，企業への応募状況や企業イメージに大きく影響しますので，企業に取得率の向上を目指させる大きなインセンティブになることと思います。

育児休業に関するその他の指標としては，「育児休業後の復職率」や「育児休業から復帰後12か月経過時点の在籍率」を男女別に測定することが考えられます。これによって，育児休業の真の目的である，育児によってキャリアが中断せず継続しているかを確認することができます。

c）障　害

これまで長い間「ダイバーシティ&インクルージョン（Diversity & Inclusion）」と呼ばれてきた概念が，15年ほど前から「ダイバーシティ，エクイティ&インクルージョン（Diversity, Equity & Inclusion）」と呼ばれるようになってきました。

ここでいう「Equity（公平）」とは，すべての人が同じ条件ではないという認識のもと，その不公平さを認識し，是正し，対処することを意味します。

同じ機会を平等に提供するだけではスタート地点からの不公平は解決されず，Inclusion（融合）につながりません。そのため，エクイティの概念が強調されるようになりました。

厚生労働省の統計によれば，令和3年の民間企業における障がい者雇用数は過去最高となりましたが，法定雇用率（2.3%）を達成した企業の割合は47.0%と，まだ半数に達していません。

優秀な人材の採用は，多くの企業にとって重要な経営課題の1つとなっています。そして優秀な障がい者の採用は，より難しくなっています。だからこそ企業は，優秀な健常者を魅了するような労働環境を整える取り組みと同じかそれ以上に，優秀な障がい者を魅了する労働環境の整備に注力する必要があるのです。

d）その他

組織メンバーの多様性を示すその他の指標としては，雇用形態の多様化があげられます。

雇用形態の多様化については，先に見たコストにも関わりますが，単なる雇用形態別の集計に留まらず，なぜそのような構成になっているのか，その構成をとることが企業の持続的成長にどのように貢献するのかについて考えることが重要です。

近年，契約社員を正社員に切り替える施策をとる企業が増えてきました。

労働力をコストとみなすのであれば，企業にとってはコスト調整のしやすい契約社員にしていたほうが有利です。しかしながら，労働力を資産とみなすのであれば，外部流出する可能性が相対的に低い正社員にしたほうが有利になります。特に人材獲得が難しい業種や職種においては一見コスト的に有利に見える契約社員も，契約終了後に代わりの契約社員を採用して教育するコストを考えれば果たして本当にコスト面で有利なのかどうかもあやしくなります。

組織メンバーの多様性を促進するためには，勤務形態の多様性もまた重要になります。なぜなら，柔軟な勤務形態でなければ雇用できない人材を抱えることができるようになるからです。さらにいえば，このことが個人事業主などの外部のパートナーとの協業を促進することにもつながります。

勤務形態の多様性には，働く場所と働く時間が含まれます。

皮肉なことに，私たちは新型コロナウイルスを経験したことによって，必ずしもオフィスで仕事をしなくても仕事ができることに気がつきました。あるIT企業では，最初はウイルス感染拡大防止のために強制的に自宅勤務にしていましたが，感染拡大が弱まった時期に現場に運用を委ねたところ，オフィス勤務を選択した従業員はおよそ４人に１人だけになりました。

勤務時間と勤務場所の柔軟性は，従業員採用における地域性の壁を一気に取り払います。企業は転居費用や住宅手当などを支給することなく国内外から優秀な人材を採用できるようになり，また従業員は住み慣れた土地から仕事ができるようになります。

こうした柔軟な勤務制度はまだ一部の先進的な企業だけが導入しているのかも知れませんが，多様な従業員を活かすには，働く時間や場所の柔軟性を有する人材マネジメントが求められます。

勤務形態の柔軟性が相乗効果をもたらすダイバーシティがほかにもあります。それは，グローバルダイバーシティです。

荒金（2013）は「グローバルダイバーシティは，海外展開を目指す企業に限らず，国内企業においても重要な課題である」と主張しています。

企業は依然として，専門的な技術や知識を持つ外国人の採用にあたって，高い日本語での会話力を求める傾向にあり，ある調査によれば，求人の７割超が最高水準の日本語力を要求するといいます。外国人従業員の活用は，採用難の改善と職場の多様性の促進に結びつきますが，専門性の活用の前に日本語の能力でふるいにかけられてしまうのは大変惜しいことです。

さらに多様化が進んだ企業は，LGBT（レズビアン・ゲイ・バイセクシャル・トランスジェンダー）の活用に目を向けていると思います。

虹色ダイバーシティという認定NPO法人があります。

この団体のホームページによれば，この団体は，LGBT等の性的マイノリティとその家族，アライ（性的マイノリティを理解し，支援するという考え方やその考え方を持つ人）の尊厳と権利を守り，誰ひとり取り残さない社会の実現をめざす，としています。

この団体は2013年から国際基督教大学ジェンダー研究センターと共同で，ウェブアンケート調査「LGBTに関する職場環境に関するアンケート調査 niji VOICE」を実施しています。2020年に実施されたその結果によれば，LGBTである回答者が職場に臨む施策として声が大きかったのは「福利厚生での同性パートナーの配偶者扱い」，「差別の禁止の明文化」，「職場での性的マイノリティに関する研修，ｅラーニング」，「トランスジェンダーの従業員へのサポート」でしたが，実際に導入されている施策は「差別の禁止の明文化」，「職場での性的マイノリティに関する研修，ｅラーニング」が少し行われている程度でした。

LGBTについては，まだまだ企業内における人数を把握することが一般的になっておらず，採用数の目標も設定しにくいのが現実であるため，職場にいると想定される該当者が仕事に集中し業務パフォーマンスを上げることにつながる環境の整備状況にまず目を向けるのが良いのではないかと思います。

②　経営陣の多様性

様々な見方がある人的資本の中で，企業トップの多様性が企業業績と正の相関関係にあることが実証された過去の研究が少なからず見られます。

例えばカーペンターら（Carpenter et. al., 2001）は，米国の多国籍企業では，海外赴任経験のあるCEOが多様な人材を抱える組織を経営する場合には企業業績が向上することを発見しました。

我が国でも，これまで多様性の議論は従業員が中心となってきましたが，今後は経営陣の多様性もますます注目されるようになると考えています。

a）取締役平均年齢

日本経済新聞（2018）によれば，2018年の日本の取締役の平均年齢は59.5歳でした。日本的雇用システムの特徴の１つである「長期にわたる競争」の最終ゴールが取締役就任だとすれば，新規学卒者として入社して以来35年以上にわたる競争を経て取締役に就任するのです。

日本企業における取締役の若返りを主張する声がしばしばありますが，先に紹介した**「エイジダイバーシティ」は従業員だけに適用される概念ではなく，取締役にも適用されるべきであり，すなわち単なる若返り論はあまり意味がないのではないか**と感じます。

同時に，ジョブ型雇用の概念は従業員だけではなく取締役にも拡がってくるのではないかと考えています。これまでの取締役は日本的雇用システムの中での様々な経験を通して長期的な競争を勝ち抜いてきた人々が任命されてきました。そうしたキャリアを経て取締役になった人々の多くはジェネラリストであり，必ずしも管掌領域の専門家ではない場合がしばしば見られます。

今後は取締役の専門性の多様化が注目されるのではないでしょうか。

もっともこの多様化は，すべて社内の取締役で満たされる必要はありません。現実的には社内取締役は長年その企業に勤めてきたジェネラリストとしての強みを活かし，社外取締役が各々の専門性を発揮して力を合わせて経営を行う，という体制が良いのかもしれません。

例えばソニーでは社外取締役の専門性マップを元に自社の経営にその専門的な立場から有益な助言が期待できる役員の任命体制を構築していますが，今後このような取り組みが一般的になるのではないかと思います。この場合，それぞれの企業の取締役に必要な専門性を特定し，社内外の取締役がその専門性をどの程度カバーしているかを「取締役専門性充足度」などの指標を用いて開示する動きが出てくるでしょう。

ｂ）女性取締役比率

株式会社帝国データバンクが2021年７月に全国２万4,285社を対象に行った調査によれば，役員に占める女性の割合は過去最高だったものの，平均11.8％にとどまっていました。

企業がこの比率を向上させるためには，中長期的には内部人材の育成が必要です。そのためには人材のパイプライン作りを意識する必要があります。直接的には，「女性管理職比率」を高めて，その中から将来の女性取締役を育成するしくみづくりが必要ですし，「女性管理職比率」を高めるには，そもそも採用の段階から女性の採用を計画的に進めて一定数の女性従業員を確保しないといけません。

ｃ）社外取締役比率

会社法の改正により，企業は社外取締役を全取締役の過半数組み入れる必要が生じています。現時点ではこの義務は大企業にのみ適用されていますが，今後は中小企業に対しても適用される予定です。

日本では社外取締役として企業経営に外部の視点から関与する体制が始まって日も浅く，社外取締役を担うことができる経験がある経営者や会計士，弁護士などの専門家または経営理論を実務に応用することができる大学の教員等の数もそう多くはありません。そのために，特定の人が複数の企業の社外取締役を兼務することとなり，その弊害の声もあがっています。

政府が，企業ガバナンス改革の一環として社外取締役の比率拡大を企業に遵守させるのであれば，社外取締役が担える人材の育成についても検討する必要があるのではないでしょうか。

この項の最後に触れておきたいのが，経営陣の融合「インクルージョン；Inclusion」という考えです。従業員についてはよく言われるこの考え方も，まだ経営陣に対して適用している企業はほとんどないように思います。

企業は経営陣に対してもコミットメントの調査などを通して，専門性や経験の異なる経営陣が，その多様性を発揮しながら融合できているかどうかを測定することが必要になってくるものと考えます。

⑷ リーダーシップ

「リーダーシップ」領域は，以下の指標で構成されています。

① リーダーシップに対する信頼
② 管理職１人当たりの部下数
③ リーダーシップ開発への取り組み

① リーダーシップに対する信頼

企業における「リーダーシップに対する信頼」という場合の「リーダーシップ」がどの層を指すかといえば，一般的には取締役か，あるいは取締役と執行役員を指すことが多いのではないかと思いますが，もう少し対象を広げるならば管理職まで含める場合があるかも知れません。したがって，この指標を測定する際には，まずその対象を決める必要があります。

次に，リーダーシップに対する信頼を何で測るかという点については，アンケートなどを実施して直接測る方法と，リーダーシップの信頼性を高めると考えることができるリーダーの行動の測定を通して間接的に測るやり方があります。

前者には，従業員サーベイを定期的に実施して，そのサーベイ項目の中にリーダーシップに対する信頼を問う質問を含めておくということがしばしば行われます。

他には，例えばLMX（Leader-Member Exchange）と呼ばれる，リーダー・メンバー間の関係性の質を示す指標が用いられることもあります。

組織のリーダーに求められる重要な役割は，多様な価値観や欲求を持つメンバーが自分に対して期待する態度や行動を正しく理解し，それらを適切に表現することによってメンバーの諸行動に影響を与え，組織目標を達成することにあります。この，リーダーとメンバーの多様性に着目して両者の関係性を測る代表的な概念の１つがLMXです（Graen, 1995）。この概念は，**図表５－４**に示す理論フレームワークを持ち，ある種のリーダーの性格や行動がLMXの質を高め，メンバーの職務満足度向上や組織目標達成につながることが多くの実証研究で明らかにされています。

図表５－４　LMXの理論フレームワーク

先行変数
メンバーの性格・行動
リーダーの性格・行動
・公正
・委譲
・賞賛
・共感
お互いの関係

→ LMX →

環境変数
・職務内容
・就業場所
・文化

成果変数
・退職率減少
・職務成果
・コミットメント
・職務満足
・組織目標成果

出所：Dulebohn et al.（2012）をもとに筆者作成

LMXの測定には，例えばライデンとマスリン（Liden and Maslyn, 1998）が開発したアセスメントなどがありますので，それらを活用して測定し，情報を蓄積していけば良いでしょう。なお，服部（2020, p.114）では，このライデンとマスリンの尺度を日本語訳したものが紹介されていますので，日本企業で実施する場合にはこちらが参考になります。

後者の例としては，例えばリーダーシップチームからなされたコミュニケーションの量や質があります。それらはリーダーシップに対する信頼に影響する重要な要素です。また，組織で働く人々は，自分がどのように評価されたかについて大きな関心を持っています。評価の公平性はリーダーシップに対する信頼につながります。これは言い換えれば，組織が従業員のパフォーマンスのマネジメントをきちんと行っているか，ということです。評価の公平感を高める方法と指標については本項④で解説したいと思います。

② 管理職１人当たりの部下数

管理職１人当たりの部下の数を示す指標は，英語でスパン・オブ・コントロール（Span of Control＝SoC）という言い方をします。

一般的に，**スパン・オブ・コントロールは６人から８人が適当であるといわれています。**それ以上になると部下一人ひとりに対して目配りの効いたマネジメントを行うことが難しくなりますし，少なければ管理職の数が組織の規模に対して過剰になりすぎ，コスト増につながるだけでなく，管理職自身も部下のマネジメントに余裕が出てしまう状況となります。部下のマネジメントに余裕が出ることは良いことではないか，という意見があるかも知れませんが，それは部下の管理・育成という管理職としての重要な能力拡大の機会を与えていない，言い換えれば管理職を「楽な環境」(コンフォタブル・ゾーン＝Comfortable Zone）に閉じ込めたままその潜在能力を活かし切っていない，という見方もできます。

意識的に特定の管理者のスパン・オブ・コントロールを少なくする，ということはあり得ます。

例えば新任の管理職に対しては，管理職になりたての時期は部下の数を意識的に抑え，部下のマネジメントの経験を積むのに合わせてより多くの部下を持たせ，管理職としての能力を開発するという手法をとることがあります。

日本企業では，このスパン・オブ・コントロールの数値を定期的に確認しないと，いつの間にか不要な管理職が多くなっている，ということになりかねません。これは，メイヤー（Meyer, 2015）にあるように，日本人は他の国々の人と比較して特に組織内の地位を重視し階層を好むため，すぐに管理職を作り出したがるからです。その結果，10人程度の「部」に３つくらいの「課」を作り，１人の管理職が３人だけの部下を管理する，という状況がしばしば見られるのです。

③　リーダーシップ開発への取り組み

この指標を検討するにあたっては，組織におけるリーダーシップはどのように開発されるのか，という問いに対する答えを検討する必要があります。

ISOのガイドラインでは，リーダーシップ開発の取組み度合いはリーダーシップ開発プログラムに参加したリーダーの割合で測っています。

しかし人材開発の領域では，リーダーシップ開発へのインパクトは経験が70%，ロールモデルの存在やコーチングなど他者の影響が20%，残りの10%が研修や自己啓発などの教育・学習であると言われています。

このように，**経験は人が成長するうえで非常に重要であり，企業はリーダーシップ開発のために将来のリーダー候補者に対して意識的に経験の機会を作り出すことが可能**です。

このための取り組みが「タレント・マネジメント（Talent Management：TM）という取り組みです。

ここではごく簡単に，一般的なタレント・マネジメントの考え方と進め方についてお話しします。

タレント・マネジメントは，従業員の過去の業績と現時点でのスキルをもとに将来の育成方針を決め，それを実行していくプログラムです。企業によっては一部のリーダー層だけを対象にして実施していますが，私はなるべく全従業員を対象にすべきであると考えています。世界的には，GE（ゼネラル・エレクトリック）社での取り組みが有名です。同社は，同社の企業バリューとの合致度を縦軸にとり，パフォーマンスを横軸にとった「9Box」と呼ばれるマトリクスの中に従業員を位置づけたプログラムを展開していました。ただし，マトリクスの左下，すなわち同社のバリューを体現しておらずパフォーマンスも出せない位置に配置された従業員を解雇対象とする，いわゆるローパフォーマーの特定と対応に注目が集まりすぎ，この取り組みが育成のしくみというよりは評価のしくみとして一般に認識されてしまいました。GE社は，2016年にこの取り組みを廃止しています。

タレント・マネジメントというのは将来を見据えた従業員のキャリア形成やリーダーシップ開発に向けての取り組みなのです。過去の取り組みを評価する「パフォーマンス・マネジメント」とは視点が全く異なります。

そこで，リーダーシップ開発への取組み状況の開示として，タレント・マネジメントの取り組みが組織にどの程度浸透しているか，タレント・マネジメントの議論を通して設定されたアクションプランがどの程度実行されたか，特に挑戦的な仕事の割り当てや特別なプロジェクトへの参画など，経験を通したリーダーシップ開発目標がどの程度実行されているかを把握し開示するのはとても実効性のある取り組みであると思います。

④　その他：従業員の評価が適切になされているか

従業員の評価が大切なのは，多くの人が組織内の公平性からリーダーシップに対する信頼感を感じているからです。そしてその公平性は，評価結果の公平性はもとより，その評価結果が導かれた過程の公平性に対する認知から生まれます。

人が人を評価することが難しいのは昔から変わりませんが，評価に関わるいくつかの指標を把握することによって，従業員の評価を適切に行っていることを示す代用変数になり得ます。

それは，①評価会議実施率，②過去３年の評価がすべて最高評価の従業員割合，③過去３年の評価がすべて最低評価の従業員割合，④部下の目標設定率，⑤目標面談実施率，⑥１on１実施率など数多くあります。

a）評価会議実施率

評価の公平性や納得性を高めるために多くの企業では評価会議というものが行われます。これは，ラインマネージャーがつけた評価を持ち寄って，なぜそうした評価をつけたのかを関係者に説明し，関係者の合意によって最終評価を決める会議です。

これは，人事部門が主導してあらかじめ決められた評価の分布にあてはまるように調整するための会議とは目的が異なります。

ラインマネージャーが部下の評価をする際に，その部下と評価対象期間に一緒に仕事をした他部署のマネージャーや同僚などに話を聞いた上で，自分の観察結果と合わせて評価をする，という方法を採る会社があります。これによって評価をされる立場の部下は，上司には見えていない自分の活躍も評価に考慮されているという点で納得感が高まるはずです。

同様に，今日的な評価会議は，従業員一人ひとりを多面的に捉えて評価を行う場，という意味合いを強めるべきではないかと思います。

b）過去３年の評価がすべて最高評価の従業員割合

連続して高い評価を得ている従業員が多く在籍していることが，企業の人材力の高さを示しているかというと，必ずしもそうではありません。むしろ，現場のマネジメント力の弱さを表している場合もあります。

このような現象が生じる理由の１つは，ラインマネージャーの評価能力と仕事の割り振り力の欠如かもしれません。

人が人を評価する際には，認知のバイアスという現象が生じます。どういうことかというと，人は人をなるべく簡単に評価をしようとするので，自らが持つフィルターを通して理解しようとします。例えば何かしら自分に似ている人がいたとすると，その人の性格や行動もすべて自分と同じであろうという推察をすることによってその人を理解しようとするのです。また，ある人に対してある点が良いという印象を持つと，その人が持つ他の点もすべてよく見えることがあります。これをハロー効果といいます。認知のゆがみを矯正しないと，評価の高い人はいつまでも高い評価を得やすくなります。

次に，与えている目標がその人にとって物足りない可能性がないかを再確認する必要があります。目標のレベルが低ければ結果的に良い評価を得やすくなるからです。人によっては，楽をして良い評価を得ることができるのだからいいという考え方もあるかも知れません。ただしこれは効率的な人的資本の活用ができていないことを意味します。また，優秀な人ほど自己成長意欲が高いことが多く，本人にとってチャレンジのし甲斐がない仕事が続けば，チャレンジができる環境を求めて転職をしてしまう可能性もあります。

昇格させるのが遅れていることも考えられます。あるポジションで高い評価が続いた人を昇格させてより複雑な仕事や責任の重い仕事を与えれば，次の評価は通常は普通の評価になるか，普通よりやや劣る評価が与えられても不自然なことではなく，従業員本人にとっても次の成長への通り道となります。

c）過去３年の評価がすべて最低評価の従業員割合

反対に，過去３年の評価が全て最低評価，という状況を想像してみましょう。従業員本人からみると，仕事をいくらやっても評価されない，上司から信頼されていない，したがって昇給や昇格も期待できない。当然仕事をしていても楽しくないでしょう。上司からみると，全く戦力として期待できないだけでなく，チームの士気にも影響することを心配するでしょう。

こうした現象が生じる原因の１つとしては，与えている業務目標がその社員のスキルや経験でこなせる以上の難しいものであるということが考えられます。この場合にはまず，その社員の従業員格付けが適切なのかを点検する必要があります。職能資格制度の場合には，職能等級を下げることは制度の性質上難しいので，他部署への異動を含めて職務を替えることを検討する必要があるでしょう。ジョブ型人事制度の場合は，現在の等級（ジョブグレード）を１つ下げることを検討すべきでしょう。下位のジョブグレードで本人の能力に見合った役割を与え，それが達成できれば良い評価を与えるほうが，本人にとっても会社にとっても健全なのではないでしょうか。ただし，現在所属している部署の中には下位のジョブグレードにふさわしい仕事がない，という場合があり得ます。その場合には，社内の他部署にこの従業員が働ける機会があるかどうかを探すしかありません。もしそれができなければ，社外の機会を含めて考えざるを得ない場合も出てきます。ジョブ型の人事制度を導入している企業では，こうした状況に対処する必要がでてきます。

d）部下の目標設定率

上司が部下に対して明確な業務目標を与えているかを把握することによってラインマネージャーの人材マネジメント力をつかむことができます。

期初に業務目標を設定して，期末にその到達度をもとに従業員の人事考課を行う会社は多いことと思います。ところが意外なほど，従業員に対する業務目標設定がおざなりになっている場合が多いのが実状です。

在籍従業員でさえそうですので，中途で入社した従業員に対しても入社時に適切な目標設定がなされず，期待を持って入社したものの，具体的な目標が示されずに入社早々に悩んでしまう中途入社者の声もよく聞きます。

企業のラインマネージャーは，自部門に与えられた業務目標をチームのメンバーに割り当てて，チームとして目標達成を目指すことが主要な役割ですので，部下に対して業務目標を設定するのは当然の責務なのですが，残念ながらこの当たり前のことができないラインマネージャーが多く存在するので，企業は目標設定の状況を把握し，責務を果たせていないラインマネージャーを指導しなければなりません。

このように，最初の段階で目指すべきは中途採用者を含めた従業員全員に対して業務目標を設定することそのものですが，この当たり前のことができるようになったならば，次にすべきことは目標の内容が適切かどうかを確認したいところです。

目標設定は，よく言われるように「スマート（SMART)」に設定することが大切です。「スマート（SMART)」というのは，Specific・Measurable・

Aligned・Realistic・Time boundの頭文字をつなげたものです。すなわち，業務目標の設定にあたっては，「具体的な（Specific）」・「達成できたかどうかを測定可能な（Measurable）」・「上位組織の目標と整合的な（Aligned）」・「現実的な（Realistic）」・「期限が明確な（Time bound）」目標を設定すべきであるということです。（AをAchievable＝達成可能な，RをRelated＝上位組織の目標と整合的な，と解説する例もありますが，それぞれRealistic，Alignedに対応しており，５つの要素の順番が変わるだけで目標設定の際に要求している内容は同じです）。

この考え方は，動機づけ理論における目標設定理論からきています。

目標設定理論は，具体的な目標は業績の向上につながり，難しい目標であってもそれが受け入れられれば簡単な目標よりも業績の向上につながる，というものです。これまでの研究では，人は具体的で達成可能な目標が与えられたときに動機付けをされ，それに向けて努力するということがわかっています。

e）目標面談実施率

前項でお伝えした通り，業務目標というのはただ上司から部下に対して一方的に設定するのではなく，部下がその目標を受け入れ，その目標に対してコミットした場合に，その目標に対して努力をするといわれています。

そこで実施をするのが目標面談です。この面談では，上司がまず全社の戦略，全社目標ならびに自部門の目標を説明した後，面談対象となる部下に与える目標の内容について，「スマート（SMART）」に説明します。目標設定を丁寧に行っている企業は，この時に，設定した個人目標を達成するための障害の有無，目標達成のためにどのようなサポートが必要か，どのような能力開発が必要か，についても話し合いを行います。

個人の業務目標設定において，部下にも自分の目標設定に参加できる機会を与えると部下がさらに努力をするようになるか，という点については過去の研究では明らかになっていないといわれています（Robbins, 1997）。ただし，目標の設定に参画することによって，上司が一方的に難しい目標を設定した場合よりもそれを受け入れる可能性は高くなります。目標面談を通して，自分の考えを伝えたり，目標の意図が説明されたりするので，それを受け入れ，達成に向けて努力することが期待できます。

企業としては目標面談の実施率を全社的かつ部署別に把握をして，目標設定をきちんとしていない部署，管理者に対してはきちんと実施するよう指導して行く必要があるでしょう。

ｆ）１ on １（ワンオンワン）実施率

企業の経営者やリーダーに組織の問題点は何かと尋ねると，多くの方々が「コミュニケーション」と答えます。そこで毎月業績発表会を行ったり，社長や役員との食事会を企画したりします。それらの施策はやらないよりやるほうがベターだと思いますが，多くの場合，そのような対応策だけでは社内のコミュニケーションの問題は解決しにくいのが現実です。

職場におけるコミュニケーションは，組織内における上司と部下の間の日々のコミュニケーションが基本となります。

ただし，日々のコミュニケーションは業務の指示や報告が中心になりますので，日々のコミュニケーションをしているからといって職場に必要なコミュニケーションがすべて行われているというのは，大きな勘違いでしょう。そのため，日々のコミュニケーションではカバーしきれない，例えば能力開発の問題であるとか，将来のキャリアに対する考え，あるいは中長期的な目標到達に向けての取り組みの話などは，日々のコミュニケーションとは別に公式の話し合いの場を用意したほうが良いといえます。

１ on １（ワンオンワン）というのは，企業における上司と部下の公式な話し合いの場のことをいいます。この１ on １を通して上司と部下の信頼性を築くことができれば，コミュニケーションの問題は起こりにくくなります。

最近，職場における心理的安全性ということがしばしば取り上げられますが，日頃の１ on １を通して部下が上司に対していろいろな意見を言っても聞き入れてくれる，いろいろな意見を言っても非難をされない，ということで心理

的な安心感が醸成されることにつながります。

組織行動論からみれば，1 on 1の効用は「強化理論」からも説明できます。強化理論では，従業員がある行動をとった直後にその行動を認め，褒賞を与えることによって，従業員に対してそうした行動を再度行う動機づけを与えます。ここでいう褒賞とは，金銭的なものとは限らず，言葉で褒めたり，笑顔で讃えてあげたりするのも効果的です。頻繁な1 on 1は，上司に対して強化理論を駆使する機会を与えてくれます。

褒賞に値するのとは逆の場合でも1 on 1は機能します。もしも仕事の進め方や態度に問題がある部下がいた場合，改善すべき点を文書化して具体的に伝え，頻繁な1 on 1によってその点の改善状況をレビューしていけば，改善につながる可能性が高くなります。逆に，そうした問題があるにもかかわらず十分なコミュニケーションをとらず，突然「あなたは期待したパフォーマンスが出ていませんでした」といわれても，納得できる人はいないでしょう。労務問題の多くはこのような状況から生じるものなのです。

⑸ カルチャー

「カルチャー」領域は，以下の指標で構成されています。

① エンゲージメント・満足度・コミットメント
② 従業員の定着率

① エンゲージメント・満足度・コミットメント

人的資本経営において，従業員のエンゲージメントを高めることがなぜ重要なのか。これについて過去の研究を整理する形で見ていきましょう。

ハックマン（Hackman, 1987）によれば，個人の能力や経験，すなわち個人レベルの人的資本は，人それぞれが持つ「感情」が結びついて「絆」となります。その「絆」は，組織に結束や信頼感をもたらし，これによって組織のメンバーがお互いに惹かれ合います。すると，組織の目標達成にコミットし，知識の共有と普及を行い，互いにサポートしあいながら業務を進めるようになります。その結果として組織レベルの人的資本につながります。この「感情」の程度が従業員エンゲージメントに現れるのです。

この時なぜ組織内のメンバーが知識の共有を始めたり，相互にサポートを行いだしたりするかという点に関しては，多くの先行研究があります。

コルスガードら（Korsgaard et al., 1995）によれば，組織のメンバーが同時に集中して取り組まなければならないプロジェクトや業務フローを導入すると，プロジェクトや業務の全体的なパフォーマンスはそれに関わるメンバー間の相互的な関係が左右することになるため，メンバーが互いに助け合って仕事をするようになるといいます。

ビールら（Beal et al., 2003）も同様に，多数の信頼できる仲間とともに仕事を進める際には，メンバーはそれぞれの活動を同期・同調させて，仲間の仕事の状況に応じてお互いの間で仕事を調整して進めなければならないため，情報の共有化と協業が進むとしています。

ジョージ（George, 1990）は，ポジティブな人は他の人とのコミュニケーションや交流を自ら進んで深めようとするので，情報や知識の伝達が促進されると主張しています。また，メンバーがポジティブな気分でいると，組織はより創造的で革新的になる可能性が高いという研究（Oldham, 2003）や，タスクの複雑さが増すとメンバー間の交流が促進され，ポジティブな気分がメンバーを後押しして，知識の共有と伝達が促進されるという研究もあります（Barsade & Gibson, 1998）。

組織に対するエンゲージメントや愛着が強ければ，メンバー間の絆や結びつきの強さや数も増えます。また，結束力のある組織は，逆境に際してメンバーが団結し，積極的な問題解決策を採用する可能性が高いともいわれています（Kozlowski & Ilgen, 2006）。

組織に対するエンゲージメントは，組織行動学の領域では「組織コミットメント」として取り上げられます。エンゲージメントとコミットメントは違うという見方もありますが，筆者はほぼ同じものであると捉えています。その理由を，現在コミットメント研究のスタンダードになっているといわれているアレンとメイヤー（Allen and Mayer）の研究成果から説明します。

彼らは，組織コミットメントを３つの次元に分類し，その統合概念として組織コミットメントを概念化しました。

彼らによる３つの分類とは，①情緒的コミットメント（組織に居続けさせる愛着度），②継続的コミットメント（組織に居続けさせる損得），③規範的コミットメント（組織に居続けさせる義務感）です。つまり，エンゲージメントの基礎概念である組織への愛着度という概念は，アレンとメイヤーのコミットメントモデルに含まれているといえそうです。服部（2020, p.206）は，アレンとメイヤーのコミットメント測定尺度をもとにそれぞれの質問項目と上記①から③との関係を示していますので，**図表５－５**に紹介します。

これらの質問を見てわかるように，このサーベイは各質問に対してアクションをするものではなく，改善すべきコミットメントの分類を把握し，それを高める施策を打っていきます。この点が一般的な従業員満足度調査（例えば「処遇は適切か」という質問に対して否定的な回答が多いならば「処遇改善」という直接的なアクションが起こされる）と異なるところです。

②　従業員の定着率

組織行動研究では，何かしらの要因が組織にある状態をもたらし，その状態が具体的な組織現象につながるという見方を行います。

例えばアレンとメイヤーは，**図表５－６**に示す通り，**組織の特性や個人の特性，経営施策や社会環境が仕事の性質や従業員の心理面に影響を与え，それが組織コミットメントの程度を決め，組織コミットメントの程度によって例えば離職率が向上したり低減したり，職場での協業が高まったり低くなったりする**という多重関係を示しました。

メイヤーは，組織コミットメントの程度を把握する最も重要な理由は，この程度が，従業員が組織を辞めるか留まるかの決定に強い影響を与えるからであると主張しています。

図表５－５　アレンとメイヤーのコミットメント尺度（服部訳）

No.	質　　問	分類
1	私は自分の残りのキャリアをこの組織で過ごせたらとても幸せだ	①
2	私はこの組織の問題を自分のことのように感じる	①
3	私のこの組織への強い「所属の感覚」をもっていない	①
4	私のこの組織に対して「感情的な愛着」を抱いているようには感じない	①
5	私は自分の組織におけるファミリーの一員であるようには思われない	①
6	この組織は私にとって大きな個人的意味を持っている	①
7	いま自分が組織にいるのはそうしたいからであるのと同時に，その必要があるからだ	②
8	たとえそうしたくとも自分の組織を去ることはとても困難である	②
9	いま，自分の組織を去ることを決めれば，私の生活の大部分が崩壊することになる	②
10	私はこの組織を去ることを考慮するにあたって，あまりに少ない選択肢しか持っていない	②
11	私が自分自身にかかわる多くを組織へと投入していなかったならば，他で働くことを考えているだろう	②
12	この組織を去ることのネガティブな結果の１つは，手に入る代替的選択肢の少なさである	②
13	私は現在の雇用主のところにとどまる何らかの義務を感じてはいない	③
14	仮に自分が有利な立場にあるとしても，私はいま組織を去ることが正しいことだとは感じない	③
15	私はいま組織を去ったら罪の意識を感じるだろう	③
16	この組織は忠誠に値する	③
17	私はこの組織にいる人々に恩義の感覚を持っているから，今すぐにはこの組織を出ていかない	③
18	私は自分の組織に多くのものを負っている	③

出所：服部（2020, p.206）。ただし，「分類」は筆者が本書に合わせて修正。

つまり，従業員の定着率と組織コミットメントは表裏の関係にあるので，組織コミットメントとともに従業員の定着率を測定し，両者の関係を見ておくことが重要であるといえるのです。

図表５－６　組織コミットメントの多重モデル

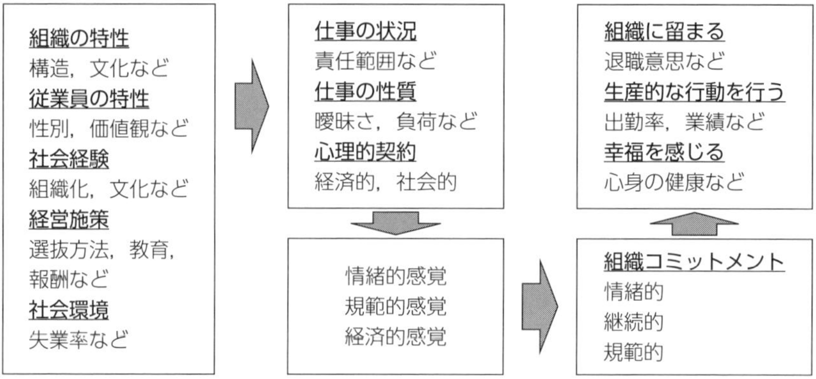

出所：Meyer and Allen（1997, p.106）をもとに筆者作成

⑹　安全衛生

「安全衛生」領域は，以下の指標で構成されています。

①　私傷病による損失時間
②　労災の件数または発生率
③　労災による死亡者数
④　安全衛生研修の受講割合

①　私傷病による損失時間

私傷病によって遅刻や欠勤が生じることは日常的にしばしば起こります。当該従業員のことを気遣いつつも割と簡単に片づけてしまいがちですが，それがあまりにも頻繁に生じたり長期に及んだりする場合には，実は見かけ以上に多くの損失が生じています。損失時間には，どのような時間が含まれるのか考えてみましょう。

まず，当該従業員が勤務できなかった時間そのものがあげられます。

次に，既に組まれていた予定を変更することに費やす時間があります。顧客とのスケジュール再調整，代替要員の確保，場合によっては進行中のプロジェクトを中断して今後の対応を検討しなければなりません。

欠勤が長期におよぶ場合は，代替要員に担当してもらう仕事の内容や進め方を説明する時間も本来は必要がない時間です。代替要員が仕事に慣れるまでは，通常期待できる生産性よりも低くなるでしょう。

また，場合によっては，給与処理や健康保険の手続きに要する時間も発生します。

このほかにも，例えば職場へのヒアリング，産業医との調整，当該従業員の主治医と連携をとることが必要になる場合もあります。

こうしてみると，当該従業員が働けない時間以上に様々な損失時間があることがわかります。

私傷病による損失は企業の努力によって防げない場合が多いとはいえ，業務上の傷病と比べてさほど管理されていないのが実態ではないかと思います。

これによる損失の大きさを考えると，私傷病による損失時間の測定とともにその理由を把握して，企業努力で対応が可能なものについては手を打つ必要があるでしょう。

②　労災発生件数または発生率 / ③　労災による死亡者数

厚生労働省が発表した令和２年度の労働災害発生状況によれば，業務上の理由による死傷者数は13万1,156人で前年よりも5,545人（4.4％）増加し，死亡者数は802人で前年よりも43人（5.1％）減少しました。

これを事故の型でみると，死傷者については「転倒」が最も多く，次いで「墜落・転落」，「動作の反動・無駄な動作」，「はさまれ・巻き込まれ」が続きます。死亡は，「墜落・転落」が最も多く，「交通事故」，「はさまれ・巻き込まれ」の順となっています。

第４章で紹介したSASBでは，業種毎に企業の財務パフォーマンスに影響を与える可能性が高いサステナビリティ課題を特定して公表していますが，こうしたアプローチは，特に労働安全衛生のような業種間で状況が大きく異なる課題に対しては有効なアプローチであるといえるでしょう。

近年進んでいる労働力の多様化は，一方で，労働災害の発生内訳にも影響を与えています。

例えば，令和２年度の雇用者全体に占める60歳以上の高齢者の占める割合が18.0%なのに対して，労働災害による死傷者数に占める60歳以上の高齢者の占める割合は26.6%に達しています。また，業務上の理由による外国人労働者の死傷者数は4,682人で前年よりも754人増加しています。

労働力の多様化は今後ますます進展していくと思われますので，企業には新しい労働力の構成を念頭に置いた労災対策の導入が必要になっています。

④　安全衛生研修の受講割合

安全衛生研修には，労働安全衛生法に基づいて企業が実施を義務づけられている教育と企業が自主的に行う教育に大別できます。

前者には，雇い入れ時の安全衛生教育，特定の免許・技能講習などがあります。後者には，消火訓練・避難訓練や，安全朝礼等の実施などがあります。最近では，ストレスマネジメント研修や，より広い意味ではハラスメント研修も，安全衛生研修に含めてよいかも知れません。

安全衛生研修は，外部機関の研修に従業員を参加させることもできますが，**OJTなどを通して自社の日常のマネジメントに安全衛生の考えを植え付けることによって，安全で衛生的な職場環境を企業文化として根付かせることが必要**なのではないかと思います。

安全衛生研修の有効性は，労災発生が生じていない状況によるほか，安全衛生研修において奨励している各種の活動，例えば，日々の点検や機器の整備などが適切に行われているかという代用変数でも確認することが可能です。

⑤　その他

厚生労働省は，「健康経営」という考えを推進しています。

これは，従業員の健康への投資が従業員の活力を高め，それが生産性の向上につながり，企業業績を高めるという想定が背景にあります。

企業が健康経営に取り組むインセンティブとして，健康経営に取り組む企業の認定制度の導入も行っています。

厚生労働省はこの他にも，東京証券取引所の上場会社の中から「経営健康銘柄」を選定したり，健康経営優良法人の認定をしたりするとともに，企業が自らの健康経営状態をチェックして経営改善につなげるための支援も行っています。

この際のチェック項目には，「従業員１人当たり医療費」や「健康診断実施率」，「従業員の喫煙率」，「労働時間」，「血糖リスク者率」など，企業が健康経営を促進するにあたって着目すべき指標が含まれています。その他把握すべき指標は以下の通りです。

ａ）ストレスチェックスコア

ストレスチェックのスコアを把握することによって，組織のメンタル面での健全性をつかむことができます。

ストレスチェックとは，質問票に従業員が記入すると，自分のストレスの状態がスコア化されて把握することができる検査です。従業員は自分のストレスの状態を知ることでストレスをため込まないように対処したり，ストレスが高い状態の場合は医師の面談を受けて助言をもらったりすることで，メンタルヘルス不調を未然に防止することが期待されています。

筆者の経験に基づけば，ストレスチェックの結果を部門別や管理職・非管理職別などの属性別に分析すると組織の問題点がはっきり見えてきます。ストレスは，「仕事の質や量」，「責任の発生」などが主な理由としてあげられることが多いものの，管理職や同僚のサポートがあれば乗り越えることができるケースも多く，結局は人から発生している問題であるといえるでしょう。

b）心身不調者率

心身不調者の状況を把握することは，「プレゼンティズム」の状況を把握することです。「プレゼンティズム」とは，休業や欠勤には至らず出勤しているものの，心身の健康上の問題によって仕事がうまく進められない状態のことを指します。例えば，花粉症や二日酔い，寝不足，頭痛，発熱などの理由で仕事に集中できない，といった状態です。

無理をして出勤しているものの，仕事の集中力に欠けるためケアレスミスが増加したり，作業効率が低下したりします。また，仕事の途中で気分が悪くなって通常以上に休憩を多くとるかも知れません。

欠勤や休業に至っていない心身不調の状況は把握しにくいのが実状ですが，ある企業では社内チャットの機能を使って従業員の健康状態を毎日チェックしています。このようにすれば，タイムカードを押すような感覚で簡単にプレゼンティズムの状態を測定することができます。

c）１人当たりの月間残業時間

従業員の時間外勤務の状況を把握することによって，労働法違反はないか，従業員のワーク・ライフ・バランスがとれているか，労災リスクは高くないかをつかむことができます。

長時間労働を原因とした労働災害の発生やワーク・ライフ・バランス重視への社会的な価値観の変化を受けて，多くの企業が過剰な労働時間の削減に真摯に取り組むようになっています。

また，SNSの発達がこの動きに拍車をかけ，長時間労働が日常的になっている企業は「ブラック企業」と称され，若者の間で悪評が拡がり，こうした企業は優秀な人材を採用できない状況になっています。

労働基準法では，労働者の勤務時間の上限やそれを超えて企業が労働者を勤務させる場合の手続きが定められています。そうした基準となる時間は，労働者の心身の安全上の視点で定められているので，企業はこの基準を超えないように日ごろから管理することが必要です。

⑺　生 産 性

「生産性」領域は，以下の指標で構成されています。

①　従業員１人当たりEBIT（利息及び税引前利益）/売上/退職関連費用/経常利益
②　人的資本ROI

①　従業員１人当たりEBIT（利息及び税引前利益）/売上/退職関連費用/経常利益

従業員１人当たりの売上や利益は，労働生産性と効率性を示す基本的な指標です。また，企業は利益を再投資しながら成長していくので，企業の技術の向上や組織の発展を予測できる指標にもなります。

また，多くの研究者が，教育研修の効果の代用変数として，この指標を用いて観測しています。

従業員１人当たりの売上や利益以外に人的資本の生産性を測る指標としては，売上高人件費比率や，労働分配率があります。

売上高人件費比率は，同じような業種の企業との比較に用いる場合には有効です。しかしながら，売上高は業種によって大きく異なりますし，費用の構造も業界によって異なります。そこで売上高に代えて，売上から売上原価を差し引いた「売上総利益」に対して人件費がどの程度の割合を占めているかを示す労働分配率を用いるのです。

労働分配率を改善するには，売上単価を上げるか原価を下げることが必要となります。

売上単価が低くなる原因は，値段相応の価値しか出せない場合か他社とのコスト競争に陥った場合が考えられます。売上単価を上げるには，製品やサービスに付加価値を持たせること以外にありません。

売上原価を下げるためには，コストを削減すればよいのですが，人的資本経営の考えからからいえば，人はコストではなく資産ですので，人件費を削って売上原価を下げるという発想は適しません。

教育研修などの投資により従業員の経験値や問題発見力をより強化し，製造工程や業務の流れを見直すことによって業務の効率性を高め，コスト削減につなげることが必要です。

生産性指標として人件費を用いる場合に注意すべきことは，自社にとって適切な人件費率を設定することです。

大部分が固定費である人件費の比率が低いのは経営の安定化という点では良いことですが，過剰な人件費削減は従業員の離散を招きかねません。ただし，逆に人件費率が高い企業は従業員にやさしい企業かと言えばそうでもなく，それによって企業が中長期的な競争力を失っては元も子もありません。

② 人的資本ROI

人的資本ROIというのは，次の計算式で示されます。

$$\frac{\text{売上}-（\text{経費}-\text{人件費}）}{\text{人件費}}$$

すなわち，人への投資がその何倍の利益を生み出しているかを測る指標です。この式から，人的資本ROIを高めるには，売上高を高めるか経費を下げる必要があることがわかります。

なお，ここでいう「人件費」は，教科書的には給与と福利厚生費の合計とされるのが一般的です。ただし，ここに教育訓練費を含めたり，採用や退職関連費用を含めたりすることは可能です。その場合にはより厳しく人件費の投資に対する効果を測ることになります。

⑻ 採用・異動・退職

ISOのガイドラインでは「採用・異動・退職」が１つの領域に括られています。人材マネジメントのプロセス全体を言い表す時，しばしば「ハイヤー・

トゥー・リタイア（Hire to Retire：HtR）」という表現がなされます。すなわち，採用から退職までのことです。

「採用」に関する領域は，以下の指標で構成されています。

① 募集ポジション当たりの採用候補者数
② 採用の質
③ 採用に要した平均日数（および特に重要なポジションの採用に要した平均日数）
④ 将来必要となる人材能力の把握度

「異動」に関する領域は，以下の指標で構成されています。

⑤ 内部登用率
⑥ 重要ポジションにおける内部登用率
⑦ 重要ポジションの割合
⑧ 全オープンポジションのうち重要ポジションが占める割合
⑨ 内部異動率
⑩ 重要ポジションへの内部登用の準備度合い

「退職」に関する領域は，以下の指標で構成されています。

⑪ 退職率
⑫ 自己都合退職率
⑬ 自己都合退職者のうちに占める優秀な従業員の割合
⑭ 退職理由

①　募集ポジション当たりの採用候補者数

募集ポジションごとに想定する採用母集団人数に対して，どの程度書類応募があったかの状況を把握することによって，採用活動の効果をつかむことができます。募集枠に対してどの程度の母集団を形成すべきか，という点については，過去の実績を参照しながら予測を立てることができます。そして，その母集団が集まるような採用活動を計画します。

母集団形成の基本となるのが，求人広告への掲載です。全国的に名の知られた求人媒体もあれば，ある職種に特化した求人媒体もあります。前者のほうが多くの人の目に触れるため母集団の形成はしやすいものの，あまりにも募集要件とは異なる応募者が多いと書類選考に余分な労力を割いてしまうことになります。そこで，後に示す書類選考通過率と合わせて打ち手の適切さを測ります。なお，この「採用候補者」を，採用母集団ではなく，より採用可能性が高い候補者と定義して，例えば書類選考通過者数を指標にしても良いでしょう。

②　採用の質

ISOのガイドラインにおける「採用の質」は，採用後の従業員のパフォーマンスを採用時に想定していたパフォーマンスの期待値と比較することによって測定しています。

日本企業において，実務的にこの考えを参考にして運用するならば，入社後の試用期間が終了して本採用に移行する段階で当該従業員を評価すれば良いでしょう。すなわち，入社者に対して採用時に期待した基準に対して例えば５段階尺度で評価し，採用時の「期待通り」であれば３点，「かなり期待を上回っていた」場合は５点，逆に「かなり下回っていた」場合は１点とします。仮に採用者全員が期待通りであれば，指標は「１」（評価点３点÷基準点３点）となり，この数値が「１」以上であれば「採用の質が高い」とみなすのです。

③　採用に要した平均日数（および特に重要なポジションの採用に要した平均日数）

この指標は，採用の募集活動を開始してから内定を出すまでの日数を把握することによって，採用活動の効率性をつかむ指標です。

採用活動を始めてから採用が内定するまでの日数を「タイム・トゥー・フィル（Time to Fill）」といいます。

昨今の売り手市場を考えると，タイム・トゥー・フィルはおよそ２ヶ月から３ヶ月が目安かと思います。もちろん募集ポジションによってタイム・トゥー・フィルは異なるので，あらかじめそれが長くなると予想されるポジションについては，採用チャネルをより多く利用したり，採用コストを重点的に配分することによってその短縮化を図ります。

タイム・トゥー・フィルが長いということは，その分だけビジネスの機会損失につながることを意味します。それだけに，ポジションごとのタイム・トゥー・フィルを常に把握しておき，ポジションごとに適切な採用アクションを講じることが必要です。

④　将来必要となる人材能力の把握度

将来必要となる人材能力を把握するにはいくつかのアプローチがありますが，ここではタレント・マネジメントを活用した取り組みを紹介します。

すでに述べた通り，タレント・マネジメントというのは将来を見据えた従業員のキャリア形成やリーダーシップ開発に向けての取り組みです。

この取り組みを通して，従業員一人ひとりについて，過去の評価結果を参考にしつつ，今後２～３年程度，企業によっては10年先の潜在的な活躍度を予測します。この時同時に，例えばその３年先の活躍を実現するために今後どのような仕事の経験をさせるべきか，その準備状況はどうか，についての議論も行います。

さらには従業員一人ひとりの能力保有度についても評価します。この時，能力の評価対象として自社において将来必要となる能力を示すことができれば，

「将来必要となる人材能力」を把握することが可能となります。

例をあげて説明しましょう。例えば企業が近い将来海外展開を計画している，あるいはDX（デジタルトランスメーション）を急速に進めている，そのような場合には英語やITリテラシーのような能力を従業員に広く求めることになるでしょう。そこでこの必要能力に対して在籍従業員一人ひとりについてその保有度合を評価していくのです。

⑤　内部登用率／⑥　重要ポジションにおける内部登用率／⑦　重要ポジションの割合

社内にポジションの空きが生じたとき，そのポジションを在籍者の異動あるいは昇格によって埋める，これが内部登用率です。

人事制度として職能資格制度を採用している企業は，他部署から在籍者を異動させやすいといえます。なぜなら，この制度はもともと人材の内部異動を前提としている制度であるためです。ただし，上位等級のポジションが空いたからといってすぐに下位等級の人をその仕事につけて昇格させることは制度の理論上は正しくありません。ポジションに空きが出たことによって急に人の職務遂行能力が向上するわけではないからです。

職務等級制度，いわゆるジョブ型の人事制度を採用している場合は，他部署からの異動はやりづらくなります。その代わり，同じ部署の下位等級の人を昇格させて空いた上級ポジションを担当させることが一般的です。

この内部登用率を測る際は，社内の全ポジションに対する内部登用率と，社内の重要ポジションに絞った内部登用率に着目する考え方があります。

社内の重要ポジションとは，次の４つの観点で考えます。

⑴　企業や部門の戦略達成にとって不可欠で，それが欠けると経営計画に対して非常に大きなインパクトが生じるポジション
⑵　経営上，競合との差別化を生むポジション
⑶　ビジネスの成功にとり非常に高い専門知識を必要とする役割で，かつ，簡単

には育成できず，社外からの後任採用も難しいポジション
⑷　採用市場で人気があるため，高い退職率であるポジション

社内の全ポジションに占める重要ポジションの割合が高いほど，企業はコア業務に集中しているといえます。こうした企業は，その企業にとって相対的に重要とは言えない業務を外部にアウトソースしている可能性が高い，いわゆるコアコンピテンスに経営資源を集中している企業といえそうです。

アメリカのアップルや日本のキーエンスなどはその好例として知られています。

⑧　オープンポジションのうち重要ポジションが占める割合

全ポジションに占める重要ポジションの割合が高いと筋肉質の企業経営につながります。ただし，重要なポジションが埋まっていない，すなわちオープンな状態になると，逆に企業経営にとってリスクが高い状態になります。

これを防ぐには，重要ポジションで活躍する従業員のリテンション計画（人材が社外に流出しないようにする計画）を立案・実施するとともに，後ほど説明する後継者育成計画（サクセッションプランニング）を実施して，仮に現任者がいなくなってもすぐに代わりの人を任命できる状況を作っておくことが必要です。

また，すぐに内部から後任を用意できないという状況が把握できていれば，早くから外部人材の採用を検討することもできます。

⑨　内部異動率

「異動」には，同程度の社員格付け等級からの横滑りと，昇格あるいは昇進が含まれます。⑤の内部登用率は社内の空きポジションを在籍者の異動あるいは昇格によって埋めるものでしたが，こちらは部署の異動や勤務場所の異動などすべての社内異動が測定対象となります。

業界や業種によって，他部署・他職種への異動経験を活かせる企業とそうで

ない企業が存在します。またこれには経営者の経営スタイルや信念も影響します。したがって，どの程度の内部異動率が良いのかは，企業によって異なります。

一般的に，職能資格制度を採用している企業のほうが，職務等級制度あるいは役割等級制度を採用している企業よりも内部異動率は高くなります。

⑩　重要ポジションへの内部登用準備度合い

将来会社の経営を担って立つ中堅幹部の人材の豊富さ，すなわち「従業員層の厚さ，人材の層の厚さ」のことを，英語でベンチ・ストレングス（Bench Strength）と表現します。

後継者育成計画（サクセッションプランニング）を実施すると，重要ポジションに対して現任者の後を担う人材が社内にどの程度いるかが“見える化”します。この様子が「重要ポジションへの内部登用準備度合い」です。

例えば継続して勝ち続ける野球のチームは，現状の戦力やチームの戦術に応じてベンチストレングスを強化しておき，レギュラー選手がケガなどで試合に出られないときでも控えの選手がすぐに活躍できるチームです。

企業においても次代を担う人材の備えをしておくことが，持続的な成長のためには欠かせない取り組みになります。

⑪　退職率 / ⑫　自己都合退職率 / ⑬　自己都合退職者のうちに占める優秀な従業員の割合

人的資本は企業にとっての資産ですから，従業員の離職は資産の損失を意味します。資産が損失すると，組織に蓄積されてきた知識と経験，文化の喪失につながり，企業の持続的な成長に負の影響がでるとともに，目に見える様々なコストが発生します。それは，採用コスト，仕事を引き継ぐコスト，ビジネスの機会損失など莫大なものになります。

厚生労働省のデータによれば，2020年の大企業の退職率は平均で2.5%でした。退職率の相場観をつかむためには地域別，勤続年数別，年齢別，業界別などに層別されたデータを把握します。同じ企業規模でも，国内大手企業と外資系企業では退職率がある程度異なることが一般的です。また，国内企業同士でも中小企業と大企業では退職率が異なります。したがって，自社の退職率が妥当かを判断するには，自社が置かれた状況に最も近い企業のデータと見比べることが必要です。退職率は，企業全体で見て全体の傾向を把握し，次に部門別に見て，特定の部署に退職者が偏っていないかどうかを確認します。

雇用管理のあり方は退職率に影響を与えます。

日本企業において主流である職能資格制度のもとでは，次の２つの理由によって，他の雇用管理制度と比べて相対的に低い退職率となります。

第１の理由は，職能資格制度は人を基準とする制度であり，もしも個人の適性と仕事の内容が合わなくても企業内の他の職場に異動させることにより，企業内部で雇用を維持するしくみであることです。

また，職種を超えた人事異動はジェネラリストを育成し，企業特殊能力の開発が中心になることから，１つの企業内でキャリアを全うする志向が強くなります。

第２の理由は，職能資格制度では職務遂行能力を基準にした年功的な報酬体系となることです。

年功賃金を合理的とする理論の１つに，供託金理論という理論があります。これは，若いときは生産性以下，年をとると生産性以上の賃金を支払うことにより，勤務の全期間を通して労働者の企業への貢献と企業が労働者に支払う賃金総額をバランスさせるとともに，その清算期間の途中で労働者が解雇されてしまうと労働者が損をする仕組みにして，労働者の規律を高めるという理論です。この仕組みが，従業員にキャリア途中での退職を控えさせるのです。

これとは逆に，ジョブ型の職務等級制度のもとでは，相対的に退職率は高くなるはずです。

もしも個人の能力や適性と仕事の内容が合わない場合，ジョブ型の制度では仕事の内容に応じて社内格付けとそれに応じた報酬が決まるため，従業員本人が未経験の職種に就くことを敬遠しがちになります。また，受け入れる現場側も自部門の職種に関して未経験の従業員の受け入れには積極的にならないのが実態です。

そのため従業員は，現所属部署で格付け等級を下げて仕事をするか，退職して，社外でこれまで親しんだ職種に就くかの選択を迫られることが多くなります。

企業における退職の状況を正しくつかむには，単に全体の退職率を測定するだけでなく，自己都合理由退職だけに絞って退職率を測定したり，自己都合退職者に占める優秀な従業員の割合を測定したりします。

単に退職率が上昇したからといって慌てずに，自社の人材マネジメントが目指す姿や，退職の理由を分析して，退職の状況を適切に判断することが大切だと思います。この意味で，退職者に占める優秀な従業員の割合を把握しておくことはとても重要です。これは企業にとって特に重要な資産が流出している状況を意味しており，この割合をいかに下げるかに注力すべきです。

企業は，自社の中で高く評価されている人材を引き続き企業に留めるために，社内のトップタレントを魅了する企業文化や会社の仕組みを構築していくことが重要なのです。

⑭　退職理由

退職理由を把握する目的は，①経営改善に結びつけ今後の退職発生の防止につなげる，②場合によってはその残留（リテンション）に向けての条件提示を行うこと，にあります。

退職の理由は，一般的に本人やその周囲の従業員へのインタビュー調査およびアンケート調査によって把握されます。

実務的にはアンケート形式のほうがインタビュー形式と比べて退職理由の集計がしやすいので便利です。とはいえ，退職理由を単に集計して開示することが目的ではないので，アンケート形式で全体の傾向をつかむとしても，せめて特に重要と思われるケースについてはインタビュー形式を組み合わせるのが良いと思います。

アンケート形式と比べてインタビュー形式が優れている主な点としては，①

退職理由の全体像をつかむことができる，②組織内で起きている現実について深い理解が得られる，③複数の退職理由の関係が整理できる，という点があげられます。

一方で，インタビュアー（Interviewer）の力量・準備によって情報量や深さの程度が異なるという弱点もあります。

インタビュー調査のアプローチには，「構造化インタビュー」，「半構造化インタビュー」，「非構造化インタビュー」があります。これらもそれぞれに一長一短がありますが，後のデータ化ということを念頭に置くならば，「半構造化インタビュー」をお勧めします。これは，インタビューの方向性，方針，質問項目の概要だけをあらかじめ決めておき，それ以外は対話の流れに合わせて進行するやり方です。この方法は，①必ず聞くべきことを押さえつつ，残りは柔軟に対応できる，②話し手の語りたい内容が語られ，より具体的な情報が得られる，③状況に応じて質問を変化させることができる，というメリットがあります。

退職インタビューの実施にあたっては，調査者・調査対象者のバイアス（思い込み，先入観）を取り除くことが重要です。調査者にはしばしば，自分が想定した退職理由が語られることが望ましいという意識が働きます。また，調査される側は，自らの周囲で生じたことを自分が感じたままに話しますので，立場が異なる対象者にインタビューすることで事実を総合的に判断することが必要です。

⑮　その他

ISOのガイドラインに示されたもの以外で，採用活動の効率性や効果を測る指標をいくつかご紹介します。

a）書類選考通過率

採用における書類選考通過率は，採用の初期募集活動の効率性や効果を示す指標です。

先に解説した，募集ポジションごとの母集団数目標を達成するためにもっとも簡単な方法は，採用条件を緩和することです。

ただし，書類上の採用要件を緩和しても実際の期待レベルはなかなか変わらないことが多く，結果として多くの書類応募があっても書類選考を通過しない数が増えるだけになるという事態が生じます。

母集団がたくさん集まっているにもかかわらず書類選考通過率が低いのは，結局のところ母集団形成に失敗しているということです。このケースは，母集団が集まらない以上に企業に悪影響を及ぼします。なぜならこのケースは，応募書類に目を通して評価するという多大な労力が発生するからです。

書類選考通過率は高いほど良いとも言い切れません。なぜなら，書類選考で合格した候補者は，より時間と労力が必要な面接試験に進むからです。書類選考の仕事の質は，１次面談通過率の高さで把握されるべきでしょう。

b）最終面接通過率

最終面接に進んだ候補者は，それまでの数回にわたる面接を通して，期待される仕事を遂行する能力や配属予定の職場とのフィット感などが良好であると判断されて最終面接に進んだわけですから，一般的には最終面接の通過率は高くなる傾向にあるのではないかと思います。

この最終面接の通過率が低い場合は，次の理由が考えられます。

まず，最終面接は企業の経営者や役員クラスが対応することが多いので，企業のトップが期待する人材像と現場レベルが期待する人材像にずれが大きい場合です。

企業のトップはあるべき人材像を追い求める傾向にあるので，主に実務の遂行能力を評価することを目的とするそれまでの面接者が抱く期待レベルと異なることは珍しくありません。

また，採用予定部署としては少しでも早く自部署にリソースを追加したいという欲求が高いため，採用基準のハードルはやや低くなりがちです。そのために最終面接を担う企業トップの期待値とずれが生じる場合があります。

とはいえ，人を１人採用するとキャリアを通しての生涯年収は２億円から３億円になるといわれており，年収以外の費用も考えれば生涯投資額はさらに多額になります。この投資額の大きさを頭に入れて面接をすれば，経営者として安易な判断ができないのは当然のことといえるでしょう。

ｃ）内定承諾率

内定を出した候補者のうち，内定を受諾した候補者の割合を把握することによって，採用活動全体の質をつかむことができます。

昨今のように採用市場が強い売り手市場の場合には，優秀な候補者ほど内定を出しても辞退して他社に行ってしまうことが珍しくありません。企業としては内定に至るまでに大きな時間とコストを投じているわけですから，内定承諾率が低い場合にはその原因を分析して手を打つ必要があります。

第３章で説明したブルームの期待理論は，候補者が企業から提示された入社条件をもとに内定を承諾するかどうかを判断する際にも用いられます。

期待理論は，「人は仕事から得られる金銭的・非金銭的報酬への魅力と，それを得るために行う仕事の内容，およびその仕事の内容をうまくこなすために必要な努力とそれが自分にできるかどうかを天秤にかけて実際の行動に移すかどうかを決定する」，というものです。

つまり，①企業からのオファー金額や，例えば誰もが知っている企業や自分の好きな製品を作っている企業で働くことによって得られるであろう自己満足感の程度と，②そこでの仕事の内容，③それをこなすための自分の力量，という３つの要素を天秤にかけるのです。

内定受諾の意思決定において難しいのは，上記の①から③が自己完結するのではなく，それぞれが他社との比較でなされる点です。

多少オファー金額が低くても，知名度の高い企業や自分のスキルや経験を活かせる仕事ができそうな企業を選ぶことはよくあることです。

したがって企業は，処遇面についてだけでなく，入社後に応募者のやりたい仕事を用意できることや，その応募者ならばその仕事で成果を上げられるという点を十分に説明することが，内定辞退を防ぐために必要なことなのです。

d）採用プロセスに対する満足度

採用プロセスに対する満足度を測定するのは，採用プロセスの継続的な改善につなげるためであるのはもちろんですが，同時に，将来のステークホルダーマネジメントでもあるのです。

残念ながら最終的に入社に結びつかなかった応募者の人たちも，将来自社の商品やサービスの顧客になってくれるかも知れませんし，重要な取引先に入社するかも知れません。

また，採用時の企業の対応が悪いと，最近はすぐにSNSによって情報が拡散し，企業ブランドにダメージを受けることもあります。

したがって，たとえ最終的に入社には至らない応募者に対してでも，採用プロセスは丁寧に進めたいものです。

採用プロセスに対する満足度の測定方法は，消費財メーカーが自社製品を購入した，あるいは購入しなかった消費者に対して行うメールやチャットでの満足度調査が参考になるでしょう。

e）退職者に占める低評価者率

退職者のうち評価の低い従業員がどの程度含まれているかの状況を把握することによって，企業が求める人材への入れ替えを図る「人材変革力」をつかむことができます。

企業において評価が低い従業員の中には，上司との関係が悪かったり，与えられた目標が高すぎたり，自分ではコントロールできない状況に陥ってしまったことによる場合があります。

一方で，スキルが不足していて与えられた目標がさほど困難な目標ではないにもかかわらず到達できなかったり，仕事はできても行動に問題があってチームのメンバーに迷惑をかけたりする，といった理由で低評価を受ける従業員がいるのも現実です。

そして企業はそのような従業員に対して，スキルを向上させる機会を与えたり，あるいは360°サーベイなどを通して周囲のメンバーがどのような気持ちで仕事をしているか，そして状況を改善するためにはどうしたらよいか，ということを考えさせる機会を与えたりします。

ただし，それでも直そうとした点が改善されずに低評価が続く従業員は，残念ながらその企業の外で新たな活躍できる道を探すほうが，企業と本人の双方にとって幸せ，というのが正直なところでしょう。

退職者に占める高評価者の割合が高くて低評価者の割合が低い場合は，企業の中でパフォーマンス・マネジメントがうまく機能していない状態です。

低評価の従業員がどのような原因で低い評価になっているかを１人ずつ精査して適切な対策をとることも，企業の誠実さなのではないでしょうか。

f）退職者に占める入社１年未満/３年未満従業員の割合

退職者のうち，入社１年（３年）未満の従業員が占める割合を把握することによって，企業の「オンボーディング（On-Boarding）力」を測ることができます。

多額のコストをかけて優秀な人材を採用できたとしても，その人材がすぐに退職してしまっては採用コストが無駄になります。同時に，辞めてしまう本人にとっても大きなキャリアロスになります。

そこで退職者に占める入社１年未満の従業員，あるいは３年未満の従業員の割合を指標としてチェックします。

昔から「３日３か月３年」という言い方があります。企業に入社して３日後，３か月後，３年後が，その企業に留まるべきか退職すべきかを考える時期だと言われているのです。

３日後というのは，入社前と全く異なる環境に今後適用していけるかどうかを判断するのには３日あれば充分ということでしょう。

３か月後というのは，入社した企業の様々な姿が見えてきて，このまま自分がその企業に勤務できるかどうかを判定する時期にあたります。

３年後というのは，ある程度のまとまり仕事ができるようになり，新卒入社の場合は，社会人としての自信がついてくる時期です。同時に，いわゆる第２新卒枠で募集している企業は「大学や専門学校などを卒業して３年以内」としているところが一般的なので，新卒時に本当は入りたかった企業や業界に未経験でも再チャレンジができる最後の時期になります。

大学生の就職ランキングで上位にランクされる企業でも，入社３年後の退職率が30%以上に及ぶ企業があります。

ここでは組織行動研究における「ジョブ・エンベデッドネス」という概念を応用した退職防止対策を考えてみましょう。

この概念は，人が組織に留まる力として，その組織に組み込まれた（Embedded）状況に着目しています。「しがらみ」といっていいでしょう。世の中には，自分の好きなようにしたいけれども人間関係のことを考えるとそれはできない，ということがあります。これが「しがらみ」です。「義理」とか「束縛」もこれに近い概念です。

すなわち，**組織の中に「しがらみ」を意図的に作ることによって，従業員を組織に留める**のです。

具体的には，労務的な負担に配慮しながら複数のプロジェクトに関与させて仕事の切れ間をなくす，所属チーム内あるいは同期入社者間の絆を高める，その人に合った仕事環境を与えてそこから抜けがたい状況を作る，組織に留まっていれば将来獲得することができる可能性を見せてあげる，といったような取り組みがあげられます。

⑼　人材開発

「人材開発」領域は，以下の指標で構成されています。

①　人材開発・研修の総費用

②　研修受講率

③　従業員１人当たりの研修受講時間

④　カテゴリー別の研修受講率
⑤　従業員のコンピテンシーレート

①　人材開発・研修の総費用

人材開発・研修の総費用は，一般的には社外研修の受講料を把握することが多いと思います。しかしながら，それ以外にも多くの費用がかかっています。

この総費用を測定したならば，年度推移を観察して，費用の増減とその理由を分析します。

自社の教育投資額の水準を他社と比較する場合には，１人当たりの金額に換算して比較したほうがわかりやすいでしょう。

産労総合研究所（2022）によれば，2020年度教育研修費は１人当たり２万4,841円となっています。この金額は，前年比１万1,000円の減少となっており，減少の理由はコロナ禍の影響を大きく受けたためであると分析されています。

この金額には，社内研修の会場費・宿泊費・飲食費，外部講師費，教材費，外部教育機関への研修委託費およびセミナー・講座参加費，ｅラーニング・通信教育費，公的資格取得援助費，研修受講者・社内講師の日当・手当・交通費，事務局費が含まれています。ここには含まれていませんが，より広い意味での教育研修費用には，研修の報告書作成時間や社内報告会などの費用も含まれます。

この金額は案外小さいようにも感じますが，各企業が注力する教育研修についての１人当たり投資額を見ると，また異なる姿が見えてきます。

例えば味の素では，次世代リーダーの育成を人材育成上の重要課題として掲げています。そして，この研修受講者に対しては，１人当たり88万円もの大きな投資を行っています。この取り組みからは，限りある予算を企業の持続的な成長のために戦略的に使う考え方を学ぶことができます。

②　研修受講率

全従業員のうち，社外の教育訓練（Off-JT；職場外訓練）を受講した従業員の割合を把握することによって，企業が人材育成に力を注いでいるかをつかみます。

長期にわたる雇用期間全体にわたり企業内で実際の仕事をさせながら人材を育成すること，いわゆる職場内訓練（OJT）は日本型雇用システムの特徴の1つですが，これは職場外訓練（Off-JT）と効果的に組み合わせることにより学習効果が高まります。

アメリカの教育学者であるデイビット・コルブ（David Kolb）が提示した「経験学習モデル（experiential learning model）」によれば，人は，①現場で具体的な経験をし，②一旦現場を離れて自らの経験の意味を俯瞰的・多様な観点から振り返り，③他の状況でも応用できるように概念化し，④それを新たなものに適用してみる，というサイクルを通して学習します。すなわち，**人は経験から多くを学ぶと同時に，学んだことを理論と共に整理し，体系化・概念化する機会が必要**であるといえるのです。

厚生労働省の「能力開発基本調査」によれば，Off-JTの受講率は2006年に60%弱だったものが，2020年には40%弱までに低下しています。

ジョブ型雇用を導入すると一般的にはOff-JTの機会が減少傾向になる，という点は注意が必要です。

ジョブ型雇用では，より高いスキルを身に付けて上位の職務を任せられなければ昇格することができないばかりか，担当職務が要求するスキルを維持できなければその職務に従事し続けることもできません。企業は，職務を全うできるスキルを保有している人を年齢や勤続年数を問わずポジションにあてはめればよいので，その候補者に自分がなり得るかは自助努力次第となります。従って，ジョブ型雇用のもとでは，「キャリア自立」という概念が親和性を持つこととなり，企業はOff-JTを従業員に提供するインセンティブが弱くなります。

筆者も「キャリア自立」という考え方に賛成です。ただし，働きながら自費で社会人向け専門職大学院などに通って自己研鑽している人々がいる一方で，「会社は自分に成長機会を与えてくれない」，「会社に研修制度がない」といって会社を退職する人々も少なくないのが事実です。

また，既に示したように，一般能力の強化が企業特殊能力を習得する力の強化にもつながることからも，企業は企業戦略の達成のために重要と考える教育を特定し，継続的に教育投資を行うことが必要であると思います。

③　従業員１人当たりの研修受講時間

厚生労働省が発表した令和２年度の「能力開発基本調査」における個人調査の結果をみると，企業外訓練（Off-JT）を受講した労働者の１人当たりの延べ受講時間は，労働者全体で20.3時間でした。これを雇用形態別でみると正社員が22.7時間，正社員以外が10.6時間，男女別でみると男性が23.0時間，女性が15.4時間になっています。

もっとも，すでに本書でも述べた通り，人材開発の領域では，人の成長の70%は経験から得る，という考え方があります。

経験を通した学習，すなわちOJTに費やしている時間の測定まで行っている企業は少ないと思います。

したがって企業は，Off-JTの金額増加だけを目指すのではなく，Off-JTで学んだ内容を仕事を通して活用し，また振り返ることによって学習のサイクルが回るような「トータル・ジョブ・トレーニング（Total Job Training）」のしくみを構築すべきではないかと考えます。

④　カテゴリー別の研修受講率

組織全体の研修受講率とともにカテゴリー別の研修受講率を測ることによって，企業は企業戦略達成のための人材育成が計画通りに進んでいるかを把握することができます。

最近，「リスキリング」という言葉が企業の人材開発のキーワードになっています。

リクルートのワークス研究所によれば，リスキリングとは「新しい職業に就くために，あるいは，今の職業で必要とされるスキルの大幅な変化に適応するために，必要なスキルを獲得する／させること」です。

例えば，ヤフーは2023年度までに全社員約8,000人を再教育し，業務で人工知能を活用できるようにすることを目標に掲げています。

ソフトバンクでも，約１万8,000人の全従業員を対象に人工知能や統計学のスキル習得を促しています。

三井不動産や国内大手銀行でも全社員に対するデジタル分野の教育に力を入れ始めています。

リスキリングが目指すのはデジタル分野だけではありません。

家電量販店大手のノジマは，世の中の環境保全に対する意識向上から今後は省エネ家電が戦略的商品分野になると考えて，省エネ関連知識を全従業員に学ばせ，関連の社内資格制度もスタートさせました。

企業におけるリスキリングの重要性はその定義にあるように，今後の企業戦略の実現に結びつくスキルの習得を目指す点です。これによって，企業が目指す方向性と従業員一人ひとりが目指す成長のベクトルが一致するのです。

⑤　従業員のコンピテンシーレート

コンピテンシーとは，スペンサーら（Spencer & Spencer, 1993）によれば，「ある職務または状況に対して期待する業績よりも，効果的あるいは卓越した業績を生む原因となっている性格や行動，価値観，知識，スキルなどの個人特性」のことをいいます。

こうした個人特性にはどのようなものがあるのかについての代表的な研究に，ボヤティス（Boyatzis, 1982）とスペンサーとスペンサー（Spencer & Spencer, 1993）の研究があります。

このうちSpencer & Spencer（1993）は，こうした個人特性を**図表５－７**に掲げる６領域20項目に分類し，「コンピテンシー・ディクショナリー」と呼びました。

自社にとって重要なコンピテンシーを特定するにはいくつかのアプローチがありますが，例えば，①組織内で常に高い業績をあげている従業員を選定し，その人へのインタビューを通して，どのような行動が自社の高業績に結びつく

図表５－７　Spencer & Spencerのコンピテンシーモデル

コンピテンシー	コンピテンシーの定義
達成・行動	達成志向 秩序・品質・正確性への関心 イニシアチブ 情報探求
援助・対人支援	対人理解 顧客支援志向
インパクト・影響力	インパクト・影響力 組織理解 関係構築
マネジメント	他者育成 指導 チームワークと協力 チームリーダーシップ
認知	分析的思考 概念的思考 技術的・専門的・管理的専門性
個人の効果性	自己管理 自信 柔軟性 組織コミットメント

注：Spencer & Spencer（1993）

のかを分析し，モデル化する方法や，②企業のミッション，ビジョン，バリューや企業戦略をもとに自社において求めるコンピテンシーを定義する方法があります。その際に，「コンピテンシー・ディクショナリー」などを参考にするのです。

ひとたび自社のコンピテンシーを特定することができれば，次に自社の従業員がどの程度それぞれのコンピテンシーを保有しているかを測定します。

これは，タレントマネジメントの取り組みにおいて従業員一人ひとりの強み弱みを把握する過程で評価をすればよいでしょう。

具体的には，従業員の氏名を縦軸に，特定したコンピテンシーを横軸においたマトリックス表を作成し，従業員１人ずつに対して各コンピテンシーの保有度に点数をつけていくのです。

これにより，従業員のコンピテンシーレートを測定・開示することができるようになり，この数値は企業の持続的な成長に向けての準備状況を示すことを意味します。

そして，測定結果をもとにしてコンピレートを向上させるための人材開発計画に結び付けていくのです。

⑽　後継者育成（サクセッションプランニング）

「後継者育成」領域は，以下の指標で構成されています。

①　後継者育成が効果的に行われているか
②　リーダーシップポジションの後継者準備率
③　カテゴリー別の後継者準備率（後継者が準備できる期間別）

上記①から③の指標は，１つの取り組みを中心としてすべてつながっていますので，以下にまとめて解説します。

「後継者育成が効果的に行われているか」という問いに対する直接的な答えは，項番⑻⑤の「内部登用率」と項番⑻⑥の「重要ポジションにおける内部登用率」に表れます。そしてその準備状況は，本項②と③の指標で確認できます。

後継者育成の取り組みを「サクセッションプランニング（Succession Planning）」といいます。

サクセッションプランニングの大まかな進め方は次の通りです。

まず，社内の重要なポジションを洗い出します。重要なポジションの考え方は，項番⑻⑥に示した通りです。

次に，各重要ポジションに対して，在籍者の誰がそのポジションを担えるかについて検討し，具体的な名前を挙げていきます。この時，４つの時間軸で後継者を考えます（**図表５－８**）。

第１は，「臨時代行（Emergency Step-in）」というものです。例えば現任者が

図表５－８　サクセッションプランニング・テンプレート（例）

ポジション	現任者	臨時代行	即時	１年～３年	４年～５年	育成計画
A						
B						
C						

出所：筆者作成

今日病気になって当面仕事ができなくなったとしたら，明日から急遽誰に役割を代行してもらうかという視点で選びます。

第２は，「即時（Ready Now）」です。これは一時的な代行ではなく，明日からでもすぐに当該ポジションをこなせる人材です。

第３は，「１年から３年」，すなわち今すぐには無理としても早ければ１年，遅くても３年後にはその重要ポジションをこなせるようになる人材です。

そして第４は，「４年から５年」です。企業によってはさらに長期的な視点でサクセッションプランを検討する場合もあります。

この議論は，社内各部門の主要なメンバーが集まって議論します。これによって，いわゆる密室人事が避けられるほか，社内にどのような人材がいるのかについて共通認識を持つことができます。

この議論を毎年継続して行うことによって，リーダーシップポジションをはじめとする特定のポジションに後継者が準備できているかどうかの状況を準備率という数値で測定できるようになります。

これらの準備率が年々高まっていれば，後継者の育成が効果的に行われているといえ，そうでなければ後継者育成の対応が遅れているとみなすことができます。

例えば三井化学では，社内の「戦略重要ポジション」を特定し，それらのポジションに対する後継者準備率を公表しています。

同社のレポートによれば，その2020年の数値は226%となっています。これは，１つの戦略重要ポジションにつき平均して２人の後継者候補が存在することを意味します。持続的な成長を視野に入れた素晴らしい取り組みです。

⑾ 労 働 力

「労働力」領域は，以下の指標で構成されています。

① 総従業員数
② フルタイムに換算した場合の従業員数（FTE）
③ 臨時の労働力（業務委託の独立事業主数，派遣労働者数）
④ 欠勤率

① 総従業員数

総従業員数は，経営の効率性をつかむ指標として企業にとって最も基本的かつ重要なデータです。

「従業員」とは，企業に雇用され業務に従事している人を指します。その内訳として，正社員，契約社員，パートタイマー，アルバイトなど様々な名称で区分されているので（**図表５－９**），すべてを合計した総数とともに，区分ごとにその数を把握しておくのが望ましいといえます。

組織の規模はその集団の全体的な行動に影響を与えます。

たとえばロビンス（Robbins, 1997）は，①小さな集団は迅速にタスクを完了できる，②大きな集団は問題解決に好結果を出す，③人が集団で働くと「社会的手抜き」が生じる，と指摘しています。

従業員数が変化する場合は，変化の絶対数よりもその理由に注目します。売上の増加に見合った増員によるものなのか，在籍従業員の退職に伴って機械的に補充するしくみになっていないか，といった点は確認したいところです。もちろん中期経営計画などに応じて従業員を先行して採用する場合もありえるので，業績の向上と従業員数の増加が常に同期していなければならないということではありません。要は，従業員数の推移がきちんと説明できるものかどうかを確認しておくことが重要なのです。

図表５－９　企業における全労働力

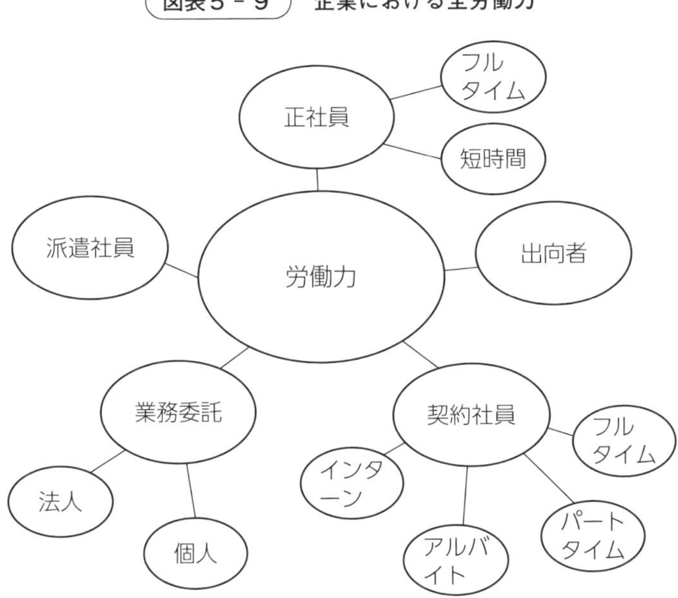

出所：筆者作成

②　フルタイムに換算した場合の従業員数（FTE）

前項で集計する従業員数は，単に人の数を数えた数字です。しかし，その中には１日数時間だけ，あるいは週に数日だけ勤務するような従業員も含まれる場合があるため，時間換算で数えるやり方があります。これを「フルタイムに換算した場合の従業員数（FTE＝Full Time Equivalents）といいます。

この考えで算出すると，１日の標準就業時間が８時間の企業に１日４時間勤務のパートタイマーを２人雇用していた場合，単に人数を数えれば２人となりますが，FTEの考え方で数えると１人として数えることとなります。

③　臨時の労働力（業務委託の独立事業主数，派遣労働者数）

労働者の間に多様な価値観・多様な働き方が浸透し，必ずしも正規従業員だけで企業の人的資本力を測定できる時代ではなくなっています。企業側も，企業を取り巻く環境変化に対して柔軟に対応するため，様々な形態の労働力に依存しています。

外部の労働力として把握すべき対象は，業務委託先に所属し自社の仕事に関わっている人々，ギグワーカーなどの個人事業主，コンサルタント，インターン，外部からの出向者，派遣社員など広範囲にわたります。

特に業務委託契約の人々は自社の指示命令下になく，人の入れ替わりが速い場合も多いため，把握する方法を検討しておく必要があります。

④ 欠勤率

心身の体調不良が原因による遅刻や早退，就労が困難な欠勤，休職など，業務自体が行えない状態を「アブセンティズム」といいます。

１人の従業員アブセンティズムは，その人と共に働くチームや組織に影響し，仕事の生産性や業務効率の低下を引き起こすと考えられています。

国によっては，欠勤により失った時間をもとに労務費を算出し，それを企業の負債として計上する会計基準を採用している場合もあります。まさにアブセンティズムのマイナス面を数値化している動きといえます。

第 6 章

先進企業の取り組み事例

本章では，人的資本の向上に取り組み，その測定と開示に早くから取り組んでいる先進企業の中から２社を取り上げて紹介します。

１社目は，日本を代表するグローバル企業であるソニーグループです。

すでに見てきた通り，人的資本経営およびその開示は世界的な取り組みであり，我が国を代表するグローバル企業の１つであるソニーグループの取り組みを理解することは，多くの企業のお手本になると考えました。

２社目は，㈱構造計画研究所という従業員約600名の中堅企業です。

人的資本経営はソニーグループのような超大手企業でなくとも導入可能であること，人的資本経営を根付かせるには企業トップの強い想いとリーダーシップが非常に重要であることを，同社の事例を通してご理解いただければと思います。

２社の事例を調査するにあたり，筆者は３つの「問い」を設定しました。

第１は，「**人的資本関係の情報の測定と開示に対する想い**」です。言い換えれば，なぜ人的資本を測定・開示しようと考えたのか，についてです。

人的資本は「見えない資本」ですので，情報の収集や集計には手間がかかり，また，情報開示はひとたび行うと，たとえその後数値が悪くなったからといって取りやめることはしにくいために，ためらう企業も少なくありません。

これに関してかなり以前から自主的に取り組まれてきた事例企業の想いや背景を聞いてみたいと考えました。

第２は，「**人的資本指標の選定について**」です。

現在測定・開示している指標を選んだ理由は何か，また，今後測定・開示を検討している指標があればそれは何か，なぜか，について知りたいと考えました。

人的資本を示す指標の選択肢は数多くありますが，その中から現在測定・開示をしている指標を選定したのには，経営上の狙いがあるはずです。

現在人的資本の測定と開示を検討している企業，あるいはこれから検討する企業にとって重要なことは，企業のミッション・ビジョン・企業戦略と人材マネジメントとの間に整合性を持ち，適切な指標を用いて人材マネジメントの有効性を測ることにあります。

そうした企業に対して，事例企業がこれまで取り組んでこられたストーリーをお伝えできればと考えました。

第３は，「**人的資本の測定・開示の効果について**」です。言い換えれば，人的資本の測定と開示は，それぞれの企業の経営に何をもたらしているか，という問いです。

人的資本に着目した経営，そしてその測定と開示の目的はこれまでのところどの程度達成できているのか，という点に関する事例企業の考えを知りたいと思いました。

1　ソニーグループ

(1)　企業の概要

ソニーグループの事業ポートフォリオは，プレイステーションに代表されるゲーム＆ネットワークサービス，ソニーミュージックの音楽，ソニー・ピクチャーズエンタテインメントの映画，デジタル一眼カメラのα（アルファ），スマートフォンのXperia（エクスペリア），テレビのBRAVIA（ブラビア）などのブランドを持つエレクトロニクス・プロダクツ＆ソリューション，イメージセンサーなどのイメージング＆センシング・ソリューション，さらにはソニーフィナンシャルグループの金融など多岐にわたります。

AIやロボットにも進出しており，2022年１月には電気自動車（EV）の事業会社「ソニーモビリティ」の設立を発表しました。

ソニーグループには，「ソニーグループ株式会社」という，2021年４月に設立されたグループ本社機能に特化した会社があります。ソニーグループ株式会社は，(1)ソニーグループ全体の事業ポートフォリオ管理とそれに基づくキャピタルアロケーション，(2)グループシナジーと事業インキュベーションによる価値創出，(3)イノベーションの基盤である人材と技術への投資をミッションとして，これらを長期的視点でグループ全体の価値向上の観点から行っています。

本書で「ソニーグループ」という場合は，このソニーグループ株式会社のことではなく，世界のソニーグループ全体を指しながら話を進めていきます。

(2)　人的資本関係の情報の測定と開示に対する想い―なぜ人的資本の開示に注目したのか

①　パーパス（Purpose；企業の存在意義）

ソニーグループの人的資本開示のストーリーは，グループの存在意義（パーパス；Purpose）のアップデートから始まりました。

同グループのトップマネジメントチームは，世界の国々で活躍する11万人の社員がベクトルを合わせて活動していくためには，これまで継承してきたMVV（Mission, Vision, Value）を見つめ直し，アップデートすることが必要であると考えました。

そこで，世界中の社員から意見を募り，それに基づいて作成した草案をもとに国内外のグループ各社のマネジメントと議論を重ねました。

こうして，「クリエイティビティとテクノロジーの力で，世界を感動で満たす」という同グループのパーパスが設定されました。

このパーパスのキーワードは「感動」です。「感動」というキーワードは，MVVの時代から受け継がれています。「KANDO」としてソニーグループの共通語にもなっています。この意味で，パーパスはMVVの再定義ではなく，アップデートなのです。感動するのは人であり，感動を作るのも人です。同グループは，「人」を軸に，事業を「人の心を動かす事業」，「人と人をつなぐ事業」，そして「人を支える事業」という３つのドメインに分けて展開しています。

このように**パーパスは同グループの多様な事業の起点となっており，同グループが社会とどう関わるかを考える上での基盤にもなっています。さらにパーパスは，ソニーグループの人材施策の基盤にもなっています。**

パーパスを社内に浸透させるために，トップが様々な機会を活用して社員と直接話をしたり，社内外で繰り返し発信を行ったりしているほか，人事の評価制度にも組み込み，さらなる浸透に向けた取り組みがなされています。

②　パーパスの実現と企業文化

パーパスを実現するためには，それを実現に導くことができる企業文化を醸成していく必要があります。

ソニーの企業文化は，「社員の自立と挑戦を尊重する」，「型にはまらないものこそ創造性である」という「個」を重視する企業文化です。

企業の文化は，一般的に創業者の影響を強く受けて形成されます。

「社員の自立と挑戦を尊重する」，「型にはまらないものこそ創造性である」という「個」を重視する企業文化も，ソニーを創った２人の創業者の想いと個性を引き継いでいることが容易に想像できます。

「個」を重視する企業文化について，ソニーグループ株式会社執行役専務の安部和志氏は次のように語っています。

ソニーグループの多様な事業と多様な人材を束ねるのは，ソニーグループがなぜ社会に存在するのかという存在意義，すなわち会社のパーパスと，ソニーグループの企業文化です。

そしてその価値観の中で，実際にビジネスを通して世の中に価値を提供していくのが，一人ひとりの個であり，その個を活かすのがラインマネージャーの役割です。

個性豊かな人材一人ひとりの潜在能力を最大限に引き出して，その総和を最大化させるための支援をするのがソニーの人事戦略の基本的な考えです。**一般的に人事の仕事を表わすときに“人事管理“という言葉が使われますが，ソニーグループでは人は管理する存在ではないのです。**

ソニーでは創業以来，個の自立と挑戦を尊重し，会社と社員が対等な関係を保ちながら互いに成長しあう企業文化を大切にしてきました。社員と会社が対等な関係であるからこそ，社員が自ら掴んだ選択への期待と覚悟を持ち，緊張感を持って社員と会社がお互いに真剣に向き合ってこそ，多様な個が成長し，個を受け入れる場であるソニーも成長していく，という成長の相互作用が生まれると考えています。この点について，私は今でも創業者の盛田昭夫氏が新入社員に語った次の言葉を強く覚えています。

“ソニーに入ったことをもし後悔することがあったら，すぐに辞めなさい。人生は一度しかない。そしてソニーで働くと決めた以上は，お互いに責任がある。あなたがたが，いつか人生の終わりを迎えるときに，ソニーで過ごして悔いはなかった，と思ってほしい”

これが，会社と社員がお互いに緊張感を持って，ともに成長するということなのです。

社員と会社が対等な関係であることを，ソニーでは社員と会社とはお互いに「選び合い，応え合う」関係であると表現しています。

「選び合う」とは，企業が社員を一方的に採用・評価するのではなく社員からも働き成長する場としてその企業がふさわしいかを常に判断・選択することであり，また「応え合う」とは，社員が企業の期待に応えるだけでなく，企業も社員の成長を支援できているかに常に向き合うということです。

ソニーグループでは，社員に選択肢を与えれば，個人は自分で成長し，やりがいやエンゲージメントが高まり，結果的に，企業に高いパフォーマンスをもたらしてくれるものと考えられています。

③ ソニーグループの人材理念；Special You, Diverse Sony

ソニーグループは，複数の事業をグローバルに展開する，非常に多様な組織です。

人材マネジメントに関しては，基本的な理念や価値観，経営におけるプライオリティはソニーグループ全体で共有し，人材マネジメント諸施策は事業ごとに最適なものを導入すれば良いと考えられています。

ソニーグループ共通の人材理念（Sony People Philosophy）は，“Special You, Diverse Sony”というものです。

“Special You”というのは，自立した「個」を表現したもので，感動を創り出す主体は一人ひとりの特別な「個」，つまり「主役は自分」ということです。この考えのもと，**社員は自らの意思で独自のキャリアを築き上げながら，自由闊達な未来を切り拓く自立した「個」に成長することが期待されています。**

“Diverse Sony”というのは，**自立した多様な個が集まり，お互いに刺激し**

合い成長し合って新たな価値を生みだす場としてのソニーを表現しています。この考えのもと，ソニーは，社員が能力を最大限発揮できる多くの機会と，挑戦を支援する企業文化を強く意識しています。

これら2つの考えが人材理念として1つになり，異なる個性を持つ個人と，多様な「個」を受け入れるソニーとが，パーパスを中心に共に成長していく，というメッセージが，この人材理念に込められているのです。

ソニーピープルソリューションズの元代表取締役社長である望月賢一氏は，ソニーグループにおける「場」について，次のように語ってくれました。

> 私は2022年の3月まで，ソニーグループにおける人事・総務領域のソリューションを提供する会社におりましたが，現在はソニーグループ株式会社において「HRコミュニティデザイン　エキスパート」という役割を担っています。コミュニティをデザインするということは，ソニーグループで働く多様な社員をつなぐ場，すなわちコミュニティ場として，一人ひとりが活躍できる舞台をデザインすることです。**その舞台での主役は社員であり，彼らが躍る場をどのように提供できるか，その場が提供されれば，自立した社員は自分でいろいろ考えて前進していきます。**

④　人事戦略のフレームワーク

ソニーグループは，ソニーグループ共通の人材理念をもとにグループ共通の人事戦略のフレームワークを進化させています。それは「個を求む」，「個を伸ばす」，「個を活かす」というものです。

「個を求む」というのは，挑戦心と成長意欲に満ちた人たちを魅了することでソニーグループの一員に加わってもらうことを目指します。

「個を伸ばす」とは，社員一人ひとりが，様々な活躍の場や機会を通じて成長し続けることをサポートすることです。

「個を活かす」は，社員のエンゲージメントを高め，組織と個人が互いの成長に貢献し合う関係を形成することを目指します。

これらによって，個性あふれる多様な社員一人ひとりの生み出す価値を最大化し，ソニーグループの持続的な価値創出につなげていくことを目指しているのです。

⑤　人的資本の測定とその開示

創立以来，常に最先端の技術開発に取り組み，世の中に新しい価値を提供し続けきたソニーにとって，人はコストではなく，最も重要な経営資産であると認識されてきました。つまり同社にとって「人的資本」を強化することは，特に目新しい考えではありません。

多様なビジネスをグローバルに展開し，持続的な成長と社会価値創出を実現する企業となるためにも，多様な社員の個性，スキル，能力，クリエイティビティを最大限に生かし，一人ひとりのエンゲージメントを高めることが，人材・組織力，すなわち「人的資本力」を持続的に高め，経営全体のパフォーマンスを上げるものと考えられています。

安部氏は，人的資本の測定と開示について，以下のように述べています。

> 我々のステークホルダーである社員，株主，投資家，地域社会の皆さまは，常に我々の経営パフォーマンスに注目しています。我々が経営パフォーマンスを高めることによって，それをステークホルダーの皆さまに還元することができ，より良い社会，より良い地球を創っていくことができるからです。従って，我々の経営全体のパフォーマンスを上げる大きな力となる「人的資本」の状況を把握し，それをステークホルダーの皆様に開示することは，我々にとってはごく当たり前のことなのです。
>
> クルマにたとえて言うならば，車のパフォーマンスを決めるエンジンの性能を数値で示すのと同じことなのです。ソニーグループのパフォーマンスを決める社員の知識や経験を“見える化”したいのです。

この“見える化”は，ソニーグループの持続的な成長に関心のある社外の方々の参考にもなりますが，ソニーグループで働く社員も，この開示指標を自分なりに解釈して，個を磨いていくのです。

(3)　人的資本指標—現在測定・開示している指標は何か，それらを選んだ理由は何か

すでに紹介した通り，ソニーグループの人材理念（Sony People Philosophy）は，“Special You, Diverse Sony”というものです。これは，多様な「個」を受け入れ，挑戦の機会を与えることによって育て，自立した「個」がお互いに刺激し合い成長が連鎖していくことによって新たな価値を生み出そう，と意味が込められています。

この人材理念の核となっている概念は，組織の多様性，成長機会の提供，それに社員のモチベーションであり，この人材理念を浸透させるためのアプローチがきちんとなされているかを“見える化”するために，「社員の多様性と多様性を促進する施策の運用実態」，「成長機会の提供と実施状況」，「社員のエンゲージメントレベル」を把握することは，同社の経営にとって非常に重要になります。

安部氏はこれについて次のように述べています。

> 私にとって多様性そのものは目的ではありません。多様な個人がそれぞれの個性を発揮し，お互いに刺激し合うことによって新しい価値観を学び，異なる意見や視点に対してオープンな姿勢で耳を傾け，しっかりと意見をぶつけ合って徹底的に議論しながら，共通の理念や同じ方向に向かっていくことを通して新たな価値の創出につなげるのが目的です。
>
> このためソニーでは，単なる多様性（ダイバーシティ）ではなく，「ダイバーシティ，エクイティ&インクルージョン」と呼んでいます。
>
> ダイバーシティは，多様であることそのものです。エクイティは，それ

ぞれの「個」を同じ土俵にのせることです。そしてインクルージョンは，価値創造につなげるためにその個性をパーパスのもとに融合することです。

これを実現するためには，普段から自由闊達に意見を言い合える企業文化が必要です。そしてそうした企業文化を維持するために，全世界のソニーグループで募集しているポジションに自ら手を挙げて応募する「社内公募制度」をいち早く導入して個人が考えるキャリアの実現をサポートしたり，社内外の人が集まってアイデアを共有したり工作機械を使ってプロトタイプを創ったりできる「クリエイティブラウンジ」という施設を本社内に設置したりと，様々な仕掛けを導入しています。

会社は様々な人材マネジメントの取り組みを行って人的資本力の強化を行っていますが，**この“見えない資産”の活力の度合いは社員のエンゲージメントのスコアに表れてくると考えています。**

このエンゲージメントの数値を通して，社員一人ひとりがどれだけ生き生きと活躍しているか，が把握できるのです。

トップマネジメントの役割は，社員一人ひとりに活躍できる場を与え，活躍するにあたっての障害があればそれを取り除き，多様かつ自立した個を育て，個の共振を引き出して新たな価値創造に結びつけることです。社員が生き生きと働くことができなければこうしたサイクルは生じません。そこで私は，このエンゲージメントスコアが経営者の報酬に反映されるべきだと，経営陣に提案してきました。様々な議論を踏まえ，ソニーではエンゲージメントスコアの改善度が役員報酬に反映されるようになっています。

ソニーでは，人的資本の開示は主に「サステナビリティレポート」によって開示されています。2021年の同レポートにおいて開示されている人的資本は**図表６－１**に示す項目となっており，これらの指標の開示とともに人的資本強化の取り組みについて詳細な説明がなされています。

図表６－１　ソニーグループの人的資本開示項目

開示項目	層別の種類						年度推移
	世界	日本	国/地域	男女	年齢	職位	
社員数/比率	○	○	○	○	○	○	
女性社員比率	○	○	○	—			○
女性管理職比率	○	○	○	—			○
役員数/比率	○		○	○			
勤続年数	○	○	○	○			
採用数	○	○	○	○			
採用競争倍率		○		○			
離職率	○	○	○	○			
障がい者雇用率		○					
年次有給休暇取得日数/取得率		○					
育児休職/休暇/短時間取得率		○		○			
育児休暇復職率		○		○			
管理職報酬の男女比	○			○			
人材育成プログラム数/実施総回数/受講者延べ人数/延べ受講総時間	○	○	○				
社員エンゲージメント調査参加率/スコア	○						
安全衛生教育受講者数	○	○					
労災発生率		○	○				○
休業災害件数/休業日数		○	○				○

注：上図表中の「層別の種類」というのは，例えば社員数を例にとって説明すると，同社の社員数はソニーグループ全世界で何人いるか，そのうち日本では何人か，アジア地域などの地域別別で見ると何人ずついるか，男女別では何人か，といったように複数の切り口から層別された情報が公開されていることを示しています。

出所：ソニーグループ「サステナビリティレポート2021」をもとに筆者作成

これを見ると，当社のパーパスならびに人材理念から展開された「社員の多様性と多様性を促進する施策の運用実態」，「成長機会の提供と実施状況」，「社員のエンゲージメントレベル」を中心に，同社が持続的成長を続けていくうえで重要であると信じる項目がカバーされているのがわかります。

望月氏は，ソニーグループにおいてエンゲージメントのスコアを改善する鍵は，社員の主体的な学習と成長を支援し，その力をいかにして引き出すか，にあるといいます。

エンゲージメントサーベイの項目の１つに「学習・成長の機会があるか」という問いがあります。これに対して，「とてもある」と答えた社員のエンゲージメントスコアは全体の平均スコアよりも８ポイント高く出ています。逆に，「まったくない」と答えた社員のエンゲージメントスコアは，全体平均よりも18ポイントも低く出ています。我々の「個を伸ばす」人材戦略がきちんと機能して受け入れられているかは，このスコアを通して確認することができます。

(4) 人的資本の測定・開示の効果について―人的資本の開示は，企業の経営に何をもたらしているか

ソニーグループにおける海外拠点の人事責任者を歴任してきた安部氏にとって，人的資本の測定と開示は人事部門という組織が企業にもたらす価値を示す意味でも，当然のことであったといいます。

安部氏は，人的資本の測定と開示がソニーグループに何をもたらしているかという筆者の問いに対して次のように答えてくださいました。

直接的には人的資本の状況を社内外に向けて開示することが，様々なメディアを通して紹介されることによって，社外からの注目度や社内の意識が高まり，結果として例えば学生による就職希望企業ランキングにおいてトップレベルが維持できたり，新卒採用競争倍率が高まったり，特に他国に比べて遅れている日本における女性社員比率や女性管理職比率が高まったりということにつながっているかも知れません。

しかしこうした**短期的な現象以上に重要なのは，人的資本の情報を開示することが，オープンで，信頼できる，ソニーグループの企業文化の発信**

につながっている点です。たとえ開示したデータが数値的にあまり良くなくても，企業が大切だと考えている指標を公表する姿勢が評価されていると考えています。

望月氏も次のように表現しています。

人的資本の測定と開示を通して，社員が活き活きと取り組むことができる会社であるという社会からの認知が高まっているように感じます。この，「外から見たソニー」の声は，社内へも跳ね返ってきます。活き活きと働ける会社であると周囲から認知，注目されると自体によって，そこで働く社員一人ひとりも活き活きと輝いてくる，これが人間というものではないでしょうか。そしてこれが会社へのエンゲージメント向上につながっています。

インタビューの最後に，安部氏との話も再び社員エンゲージメントの話になりました。

ソニーグループに属する各事業会社がなすべきことは，それぞれの企業価値を上げることです。その企業価値を何で測るかは，利益の数値でもいいし，キャッシュフローの数値でもいいと考えています。社員のエンゲージメントの数値も，その１つなのです。私はソニーグループの企業価値を測る指標の１つとして，グループ11万人の人的資本の活力である社員エンゲージメントが適していると考えています。

採用の競争力を示す数値とか，女性の活躍度を示す数値など細かく見ればいろいろあるのですが，そうした数値は，社員のエンゲージメントが高まることによる成果変数と見ることもできます。

エンゲージメントの状態をきちんと捉えて，その改善に必要なアクションを各個人や各チームがそれぞれ自発的に取り組む。

ここでもまたソニーグループの企業文化が活きています。

今後は，社員エンゲージメントと企業価値との因果関係をより深く検証していきたいと考えています。

2　構造計画研究所

(1)　企業の概要

株式会社構造計画研究所は，東京工業大学建築学科で構造設計の研究に携わっていた服部正（まこと）氏が1956年に服部正構造計画研究所として東京都品川区の自宅で創業した，大学発のベンチャー企業です。

当時日本では戦後復興のシンボルとして天守閣の再建ブームが沸き起こっていました。これに東工大の建築学科が深くかかわっていた流れから，服部正氏の手に委ねられたのです。

建築ブームを背景に構造設計の仕事は後を絶たず，1959年に株式会社化され，株式会社構造計画研究所が設立されました。

城郭復元は，通常の構造設計とは異なり複雑で高い技術力が要求されるものですが，当時はこれを，計算尺とタイガー計算機を用いた手計算で行っていました。

手計算の大変さを身に染みて感じていた服部氏は，創業間もなく，米国で発表された学会誌の中にコンピュータによる構造計算の記事を発見し，それをきっかけに単身で米イリノイ大学へ留学し，帰国後すぐに日本の建設・建築設計業界では初めて米IBM社製のデジタルコンピュータ1620を通産省の輸入許可を得て，導入しました。

当時はコンピュータメーカーがハードを売るためにソフトも供給していましたが，次第にソフトウェアの需要が拡大し始め，同社においても，構造設計や解析コンサルティング実務に使用するソフトウェアを自社開発しました。

これ以来，建築構造設計のアプリケーション開発や超高層ビルなどの複雑な建築物の構造設計を行う「設計・建設ビジネス」，自然環境に対する災害リスク評価や災害時の人々に対する避難計画シミュレーションに基づいて防災・減災ソリューションを提供する「防災ビジネス」，GPS･通信技術を活用した「情報通信ビジネス」，さらには実際のデータをもとに個と集団の行動理論モデルを構築し，様々なシミュレーションによりモデルの検証を行ったうえで顧客に対してソリューションを提供する「意思決定支援ビジネス」へビジネス領域を拡大しています。

同社は2000年にJASDAQに上場。2022年４月時点の所員数（同社では従業員を所員と呼びます）は636名です。

⑵ 人的資本関係の情報の測定と開示に対する想い―なぜ人的資本の開示に注目したのか

① 企業理念，目指す組織の姿と運用原則

構造計画研究所は，「大学，研究機関と実業界をブリッジするデザイン＆エンジニアリング企業として，社会のあらゆる問題を解決し，次世代の社会構築・制度設計の促進に貢献する」という企業理念を掲げています。これは同社の存在意義にあたるものといえます。

この理念は，創業者の服部正氏の想いが引き継がれ，後年になって言語化されたものです。

これは，社会に存在する問題の数だけ同社のサービス対象が存在すること，社会の変化に伴って同社のサービス対象や内容も変化・拡大することを意味します。建築構造分野からスタートした同社のビジネスが社会の問題と共に情報通信，製造，防災，意思決定支援分野へと自己増殖している姿の根底には，この企業理念があるのです。

この企業理念を実現するために目指す組織の姿は，「自らの経験を基に，顧客の実状に合わせた技術や科学的知見を提供することによって高付加価値を実現する企業」であり，同社ではこれを「Professional Design & Engineering Firm」と呼んでいます。

さらには，そうした組織になるために「自律・自立・機動力」，「独立性の維持」および「多様性の尊重」という３つの運用原則を定めています。

「自律・自立・機動力」というのは，与えられた仕事や責任の範囲を超えて，

自分自身が決めたゴールに向かって強い意志を持って挑戦していくプロフェッショナルの姿です。

「独立性の維持」には，所員の独立と組織の独立の２つの側面があります。組織の独立は，自分達が社会にとって必要と考えるソリューションを，自分たちの判断で，自分たちが蓄積してきた経験知をもとに解決できる状態をいいます。

「多様性の尊重」は，ジェンダーや国籍，年齢による区別をつけない姿勢を持つことによって活き活きとした組織を維持することです。

②　企業文化

上述の３つの運用原則は，同時にこの会社の企業文化の形成にも強く影響を与えています。

同社の企業文化について，創業者・服部正氏の長男であり，現在は同社の代表執行役会長である服部正太氏は次のように語っています。

> 当社は所員一人ひとりに対してプロフェッショナルであることを要求しています。当社が考えるプロフェッショナルの特性とは，「強さ」，「深さ」，「幅」の３つです。
>
> ここでいう「強さ」とは，所員一人ひとりが主体的に自分を信じて行動すること，「深さ」とは，愚直に取り組み失敗にも逃げずに向き合うこと，「幅」とは，周囲と共に活動し，自分の専門以外の知識やスキルの習得にもチャレンジすることです。これを「KKE WAY」の中で，「個のありかた」として定義しています。

もともと構造計画研究所では，企業としての場，というものが意識されてきました。創業者の服部正氏による次の言葉は今も所員に受け継がれています。

> 世の中で一番ぜいたくなことは，人の為に一生懸命尽くして，その人の

喜ぶのをひそかに見て楽しむことだ。

これは，創業者の正氏が，この会社をどのような場として見ていたか，どのような場にしたかったか，ということを表現しています。

例えば同社の構造設計や防災ビジネスは，人々が安全を意識することなく日々安全に暮らせる社会を構築するためのものであり，単に利益を出すだけでなく，社会的に意義のある安心，安全のエンジニアリングを提供するという使命感が根底にあります。一般の人々から同社は見えない存在です。新聞やマスコミに大々的に取り上げられる大きな技術導入があるわけでもありません。
それだけに正氏は，所員に対して，自分たちが社会を支えているプロとしてのプライドを持って仕事に取り組んで欲しいというメッセージを込めたのではないかと思います。

服部正太氏は，企業としての場作りについて，違う観点から次のように述べています。

私は父が1983年に突然亡くなった後，米MITの大学院を出てボストンコンサルティンググループへ入社したのち，1987年に構造計画研究所に入社しました。
その後，2002年から社長に就任し，2021年から会長になりました。
エンジニア集団の当社において，技術畑出身ではない私が社長としてすべきことは，技術には口出ししないで，企業としての場を作ることでした。
技術一辺倒ではなく，技術をベースにして技術者が社会と自律的に関わり合いを持つこと，自分の常識と技術的経験を基盤に顧客のために仕事をすることの重要性を説き，奨励してきました。そのために，多様な人才を採用し，会社の情報をガラス張りにして，所員が自由闊達に意見を交わし合える場を作りたかったのです。**会社は，所員一人ひとりが能力を発揮し，**

> **自己実現のために利用する場です。そして，この場を支えているのは，所員同士の交流と会社の情報開示です。**
>
> 所員は，お互いに交流するのが当然，会社の情報は全所員に公開されていて当然，とみんなが考えています。これが当社の文化だと思います。

この想いをもとに，構造計画研究所は，徹底的に所員同士の交流を後押しするとともに，情報の開示を行っています。

所員同士の交流を促進する取り組みとしては，部門横断的な異動があげられます。これは，会社が人事権を発動して無理やり動かすのではなく，所員の希望がベースになっており，毎年異動希望の約７割が実現し，残りの約３割も本人が異動できる状態（異動先で活躍できるレベル）にしてから異動させています。

また，一つのプロジェクトに部門横断的なチームで取り組む機会も多く，社内の他部署の仕事に積極的に関わり，互いの技術領域の知見を獲得することも奨励しています。

同社のビジネス分野は，過去の経験知の蓄積をベースに関連技術をつなげて新しい分野に自己増殖していく形で広がっていきます。したがって技術と技術のつながりが大切であり，技術と技術のつながりは，人と人とがつながることから芽生えます。

社内の情報を共有する場として，MVA（Mission, Vision, Action＝目指す姿と具体的目標および達成のためのアクション）報告会があります。このレビュー会議は年度末に２日間にわたって行われます。

対象者である代表執行役を含む役員，部長および上級技術者（約70名）は，期初にMVA（Mission, Vision, Action）を設定します。そしてこの内容と目標達成に向けた自分自身の個人の取り組みを全所員の前で発表します。

ここでは業績の数字よりも，その取組み内容について語ることが重視されています。大量のパワーポイントを準備する，ということは期待されていません。

逆に綺麗に仕上がったパワーポイントによる発表は見た目でごまかされる，とさえ考えられています。

取り組みは，大学のレポートのようにストーリーとして記述されます。それぞれの個々人の資料は全所員に公開され，その内容について新入社員から質問やコメントが来ることもあります。過去の発表内容もすべて公開されているので，取り繕いやごまかしができません。

情報開示について，服部正太氏は次のように話しています。

> 私は社内でもコミュニケーションを重視しています。私は一般的な経営者よりも経営の状況や会社の考えを社内で頻繁に発信しているほうだと思います。自分の考えや，会社の将来などについて話すことが多いですが，業績の悪い時期に会社の倒産確率を数値で示したこともあります。
>
> **会社が将来の方向性をきちんと示せば，所員は自らそれに備えます。将来のことですから状況は頻繁に変わりますが，その状況変化も当たり前のように受け入れて対応するようになります。**
>
> ランチを若い所員と一緒にとったり，エレベーターで一緒になったときに話しかけたりするという日常的なことまで含めて意識しています。エレベーター内の沈黙は場の雰囲気を固くするので，私は話のきっかけになるようにと所員ほぼ全員の出身高校と所属部署を覚えています。

③　組織と人事制度

先に紹介した「あるべき組織」になるための「３つの運用原則」は，“人才”マネジメントの諸施策に展開されています。

組織体制は，各部門単位でのフラットな自律分散型の，プロフェッショナルを目指す体制がとられています。

評価制度は目標管理制度に重きが置かれています。目標管理制度を採用している企業は多くありますが，残念ながら形骸化している企業も多いのが実状です。それは，目標そのものがうまく設定できていない，状況変化に応じて目標が見直されない，目標の達成を支援する仕組みがない等，様々な原因が考えられますが，設定された目標に対して設定された側がコミットしていない，という点も多々見受けられます。

これに対して構造計画研究所が導入しているユニークな考え方に，MBB（Management By Brief：想いによるマネジメント）というものがあります。期初に設定された今後1年間の業務目標について，1年後にどのような成果をあげているか，1年間を通してどのような行動をとることによって目標を達成するか，1年間でどのようなスキルを身に付けるか，やり遂げた1年後にはどのような自分になっているかの「想い」を言語化します。先に紹介した，役員が取り組むMVA（Mission, Vision, Action）と同様，所員一人ひとりが自ら考えた「想い」に対してどのように向かっているかが，年間を通して確認されます。つまり，目標に対して強くコミットし，自分が自分に対して行った約束が守られているかを常に確認しながら進めるのです。

一見，家族的な企業文化を感じさせる企業ですが，その実態はかなりの成果主義に基づいた人事制度の運用をしています。

所員一人ひとりには役割に応じた格付け等級が割り当てられています。

すべての等級において昇格する際には試験が課されており，上位等級に期待される役割をどのように全うしていくかについての「想い」を，レポートに書いて提出し，その内容は厳しく審査されます。これだけ厳しく審査をしても，その役割に見合った活躍ができない場合が出てきます。また，このような実力主義を採用していると，どうしても自分の力や適性に疑問を持ち始める所員が出てきます。

こうした状況に対して，同社では，管理職層のキャリアにおいて，部下を持ちチームを通して会社に貢献する「ラインマネージャー」と専門性の高さを通して会社に貢献する「プロフェッショナル」という複線のキャリアを用意し相互に行き来する道を作っています。

また，先に紹介した，所員の希望をベースにした社内異動は，所員同士の交流や仕事の幅を増やすだけでなく，社内に蓄積された「知」が社外に流出する防止策としても機能しています。

また同社では定年制を廃止して，プロフェッショナル人才が年齢に関係なく活躍できる場を提供していますが，60歳以降はキャリアプランを自分で提示して，その役割と貢献に応じた対価を得ることができる仕組みです。

④　人的資本の測定とその開示

従業員のことを「人材」ではなく「人財」と呼ぶ企業をしばしば見かけますが，構造計画研究所では「人才」と呼んでいます。

これは，人が集まって「財」になるためには，才能ある個人を採用し，活躍の場を提供して育て，公正に評価し，モチベーションを高めることが重要であるという考え方からです。利益や利潤を生むだけでなく，社会に貢献する価値を提供するので財や材でなく，才なのです。

企業は通常，自社の製品やサービスを顧客や投資家，取引先，そして従業員などのステークホルダーに説明することによって競争力の高さや将来性をアピールします。

構造計画研究所でも同様です。ただし同社が他社と異なるのは，同社のサービスに関してはホームページ等を通して紹介されているものの，それは過去の導入事例に過ぎず，汎用の製品やサービスをアピールしているわけではないという点です。これは同社が，既成の標準化された製品やサービスを販売しているのではなく，所員の経験知を活かしながらそれぞれの顧客が抱えるソリューションを提案していくビジネスモデルであるからです。そのために構造計画研究所は，**ソリューションを創り出す人才の（すなわち人的資本の）情報を開示することによって，一般の企業がその製品やサービスを開示するのと同じように，同社の現状や将来性をステークホルダーに対して説明**しています。またコロナ禍で中止が続いていますが，年１回顧客や大学研究者を招いて，KKE Visionというイベントで当社の方向性やビジョンを示していますが，これは当社所員と様々なステークホルダーとの交流を通して，当社の「人才」を訴求する場でもあります。

人的資本情報の開示は，同時に，同社の社内において生じた問題とその対応の過程で行われてきたことでもありました。

構造計画研究所は“人才”マネジメントにおいて，⑴年功的な運用による管理職数の増大と年功給の拡大，⑵昇格機会の減少，⑶賃金配分の不公平感など，様々な課題を抱えていました。そのために，まずはそうした課題の「見える化」を行うとともに公平感形成のための情報開示が急務であると捉え，所員の平均給与や昇給率，モデル賃金などについての状況把握と開示を行いました。

さらには，同社が顧客に対して展開する分析アプローチを用いて社内各部門の業績評価の決定を試みたり，採用・離職率・給与制度・昇格制度などのデータを加味した人事動態シミュレーションシステムを開発して，将来の人員数や生涯年収などの経営状況の予測を立てたりしながら，所員間の合意形成を図ったりしてきました。

このアプローチはまさしく，現状の問題に関して，情報を収集し，仮説を立て，モデルを構築・検証して解決策を提案するという，同社のサービスアプローチを自社内に展開したものであるといえるでしょう。

このように，構造計画研究所において，主要な人的資本情報の把握は，外部のステークホルダー向けだけでなく，社内の経営活動改善のために活用されてきたのです。

⑶　人的資本指標―現在測定・開示している指標は何か，それらを選んだ理由は何か

同社が人的資本を開示しているのは，同社のホームページと「株主通信」と呼ばれる株主への情報共有資料，さらには決算説明会用資料が中心となっています。同社ホームページには，**図表６－２**に示す人事関連データ，コーポレートガバナンス・コードに対する同社の対応と取り組みが開示されている他，取

締役のスキルマトリクスが公開されています。

中でも特にユニークなのは，営業利益，人件費とフリンジベネフィット（付加給付）の合計である「総付加価値額」を毎年開示している点です。構造計画研究所は，会社の成長によって獲得した付加価値の増分を３分割し，①所員の処遇の向上，②会社本体の財務体質の強化，③新規ビジネスへの投資に配分する経営原則を掲げています。すなわち毎年の総付加価値額を開示することによって，企業の持続的成長の源泉となる人的資本への還元が経営原則通りになされているかを社内外のステークホルダーに報告しているのです。

図表６－２　構造計画研究所の人的資本開示項目

開示項目	層別の種類				年度推移
	全社	国籍	男女	専攻	
所員数	○	○	○		○
年齢	○		○		○
勤続年数	○		○		○
年収	○				○
新卒採用人数	○	○	○	○	○
中途採用人数/率	○				○
離職数/率	○				○
管理職人数/管理職比率	○		○		○
障がい者雇用人数	○				○
経営層の多様性	○				
産休取得者数	○				○
育休取得者数			○		○
育休後復職率			○		○
男性育休取得率					○
年次有給休暇取得率	○				○
有休休暇平均取得日数	○				○
総付加価値額	○				○

出所：構造計画研究所ホームページと決算説明会資料をもとに筆者作成

現会長の服部正太氏は，過去に経営が苦しい局面でも総付加価値額を重要な経営指標として見つめ続けてきたことを思い返しながら，次のように語ってくれました。

> 利益を拡大するのは簡単です。当社は総コストに占める人件費の割合が高いので，人件費を少し削れば，とたんに利益が増加します。ただ，経営原則に従って，それはやりません。会社がどんなに苦しくても，経営原則を崩してはならないのです。この点も，創業者の次の言葉を引き継いでいます。
>
> “利益だけをとるならば，他にやりようがあるが，そうしなかったからこそ構造計画研究所なのだ”

また，同社執行役副社長の木村香代子氏は次のように述べています。

> 実は当社の株主は現役所員とOBで発行株式の約半数を持っています。ですから，総付加価値額の大きさは，多くの株主にとってそれぞれの生活に直結するものですし，その開示は，自分の，あるいは自分が過去に所属した会社が経営原則通りに経営を行っていることをチェックするわかりやすい指標なのです。

これまでに測定・開示してきた人的資本の情報は，構造計画研究所にとってあるべき組織になるための３つの運用原則に紐づいた，所員の多様性，新たな人才の獲得と人才の維持に関するものが中心でした。

人的資本の測定と開示の今後について，木村香代子氏は次のように述べています。

当社はお客様の本質的な課題を正しく掴み，分析し，改善策を提案するサービスを展開しているため，当社の人事部門にも情報を収集し分析することが得意な所員がたくさんいます。しかしながら，自社のデータを自前で分析するだけでは十分とは言えません。そこで今後，より多様な観点からの情報が簡単に収集・見える化できる「CHROFY（クロフィー）」という人的資本開示サービスを活用して，ISO30414（国際標準化機構による人的資本を測定する指標）の基準を参考とした人的資本の把握にも取り組み始めました。**“人才”マネジメントは，企業目標を達成するために最も重要ですから，測定・開示する人的資本情報も当社の経営が目指す方向性と一致していなければなりません。**

今後は自社の状況を世間の状況と比較し，自社を客観的に捉え，所員にとってより良い場を創っていきたいと考えています。

(4) 人的資本の測定・開示の効果について―人的資本の開示は，企業経営に何をもたらしているか

人的資本をホームページその他で開示することによって，投資家や入社希望者が会社の状況を客観的に把握できる利点は容易に想像できますが，これを仕掛けた服部正太氏はこの効果をどのように捉えているのでしょうか。

私が2002年に社長に就任し，それから２年くらい経ってようやくわかったのは，「当社の資産は所員しかない」ということです。

ですから，今ようやく日本で議論が高まりつつある，人的資本を「見える化」して財務諸表と同じような扱いで開示するという考えは，その時から持っていました。そしてできる範囲からスタートさせました。

人的資本の開示によって私が感じている効果は３つあります。まず，**人的資本へ投資をすることが当社の持続的な成長への道であることについてある意味確信を持って経営を進めていますので，短期的な利益のぶれによって経営判断が左右されないようになりました。**

次に，社内外の共通目標のようなものとして指標が少しずつ機能し始めた気がしています。

それらは，構造計画研究所という「場」を中心に，社内外のステークホルダーを束ねる役割を果たしているように思います。もちろんまだまだ改善していく余地はあります。

今後も，当社の最重要資産である所員の力を高め続け，その状況や将来性を社内外の皆さまにご理解いただけるように取り組んでいきたいと考えています。

3 事例から学べること

２社の事例を振り返る前に，米カリフォルニア州での，あるエピソードを紹介したいと思います。

「会社は誰に対して責任を持つのか」

経営者が集まった会合におけるこの問いに対して，参加した経営者たちは，会社は運営資金を提供してくれる株主に対して責任を持つものであると口を揃えましたが，会議に参加していたビル（Bill）というベンチャー企業の経営者はその議論に違和感を覚えてこう言いました。

> 皆さんのご意見は尊重しますが，私は，会社が誰に対して責任をもつべきかといえば，顧客，社員，地域社会に対してだと考えています。

この発言によって，彼は出席していた経営者全員から笑われましたが，彼は自分の考えは間違ってはいないと信じていました。そして彼は，共同経営者のデイブ（Dave）とともに，当時アメリカで当たり前と考えられていた経営管理のやり方とは異なった方法をとりました。

このビルとデイブこそ，アメリカ・シリコンバレーの発祥といわれるヒューレット・パッカード（Hewlett Packard; HP）社を創業した人物です。

HPは，スタンフォード大学の同級生だったビル・ヒューレットとデイブ・パッカードが，1939年に米カリフォルニア州パロアルトにあるアパート裏のガレージで538ドルの運転資金を元手に設立した企業です。HPはビルとデイブがまず会社を興すことを決め，何を作るかはその後に考えたと言われています。そして２人は，“世界が必要なものを作り出す”こととしました。創業当初は，ショックを与えて体重を減らすマシンや，ハーモニカ用の調律器，自動レタス収穫機なども作っていたといいます。

HPでは，管理職を外部から採用することはほとんどありませんでした。またHPでは，社員には社内の様々な仕事を経験させることによって，顧客を中心とした業務プロセスの統合ができると考えられていました。HPは，特定の業界や顧客にビジネスが依存しすぎるとその業界や企業の景気に自社の業績が左右されやすくなってしまうので，これを避けて安定した雇用につなげるためになるべく多様な業界・企業と取引を行いました。

人間は男女を問わず，良い仕事，創造的な仕事をやりたいと願っていて，それにふさわしい環境に置かれれば，誰でもそうするものです。

1960年にハーバード大学においてビルがスピーチした内容は，「HP Way」というHPの企業文化を表す考えとして長い間根付いてきました。

今回取り上げた２社の事例を振り返るにあたりHPの事例を紹介したのは，ソニーも構造計画研究所にも，この時代のHPと同じような企業文化があるように感じたからです。

事例でとりあげた２社は，企業規模も事業内容も全く異なりますが，共通している点が多くあります。

①　創業者の想いから始まる

まず，両社とも，創業者の想いが現在にも受け継がれているという点です。特に企業の存在意義は，時代に応じた表現にアップデートされているものの，創業時から変わらずに両社のビジネスの核となっています。

ソニー（創業当時：東京通信工業）の創業者である井深大（いぶか・まさる）氏は，会社の設立目的の第一に「真面目なる技術者の技能を，最高度に発揮せしむべき自由豁達にして愉快なる理想工場の建設」を掲げた設立趣意書を起草しました。

この終戦直後（1946年）に書かれた設立趣意書には，「日本再建，文化向上に対する技術面，生産面よりの活発なる活動」，「国民生活に応用価値を有する優秀なるものの迅速なる製品，商品化」，さらに「国民科学知識の実際的啓発」が会社設立の目的として言及され，社会や社員に対して価値ある存在の会社となることを目指していたことがわかります。

ソニーもHP同様，創業時から様々な製品の開発に取り組んでいました。同社初の製品は，1945年に作った電気炊飯器です。またこの時期には，真空管電圧計や電気座布団，天皇陛下のインターフォンなどを作成していました。

構造計画研究所も，「社会のいかなる問題にも対処できるよう，総合的なバラエティに富んだ専門家を集めた工学を生業とした組織を作りたい」という創業の志からスタートしました。創業者・服部正氏は次のように言っています「エンジニアリングという観点に入るものは何でもやる。そのためにはいかなる問題にも対処しうるために総合的にバラエティに富んだ専門家が必要だ。うちはソフトウェアハウス，構造設計事務所なんて世の中に一度も言ったことがない。そのような定義には関知しないしそういう定義は無視して進みたい。」

こうした創業者の考え方や行動は，それぞれの会社の企業文化の起点となっています。

②　企業文化を育み，つなぐ

両社とも，企業文化が企業の歴史と共に次代に受け継がれてきています。

ロビンス（Robbins, 1997）によれば，企業文化は先例に大きく依存し，究極的には，その根源は組織の創業者の価値観，態度や言動にあるといいます。

企業文化を維持するためには，その文化に適合する人材の採用が必要です。

ソニーに入社した人は今でも，「いやなら辞めなさい。そうでなければ全力で自分を高め，会社や社会に貢献しなさい」と言われます。この言葉を聞くとみな，ここでは単に待っているだけでは何も与えられない，自分で道を切り拓いていけば多くの選択肢が選べる，と覚悟をするようです。

構造計画研究所では，2002年から元リクルートフェローの藤原和博氏と共に採用活動を激変させました。まず手掛けたのは，会社のビジョンやミッションがわかりやすく描かれている冊子を作成し，従来の大学研究室推薦が主体だったやり方から，オープン型の一般公募の方法に変えました。これによって，会社の価値観や文化に適合し，かつ多様な人材の採用が可能になったといいます。

トップマネジメントの言動・行動も文化の維持・継承にとって重要です。

従業員はトップマネジメントの言動・行動を通して，リスクを恐れないことがどれだけ望ましいか，ラインマネージャーは部下にどれだけの自由を与えるべきか，どのような服装が適切か，どのような活動をすればよい評価を得ることができるのか，を理解します（Robbins, 1997）。

ソニーのトップマネジメントはソニーの自由闊達な文化について社内外で様々な機会でコメントを発信し，その言動は多くのマスコミに取り上げられ，これが同社の企業文化を維持・強化していきます。

構造計画研究所のホームページは，会長の服部正太氏による「構造計画研究所は，人を大切にする組織です」という一文から始まっています。服部正太氏は，同社の企業文化を維持・強化するために，採用面談に多くの時間を充て，社内外に対してメッセージを発信し続けています。

③　個を鍛える，個をつなぐ，個が共振する場を創る

次に両社に共通しているのは，**個あっての集団，という考え方のもと，徹底的に個人の自立をサポートしている**点です。

自立した個人には，多様なキャリアの選択肢を与え，自分の描いたキャリアを目指させます。躊躇している場合は，その後押しをします。

両社とも，仕事の経験を通して，従業員に様々なことを習得させていきます。こうして個人レベルの人的資本が強化されていくのです。

そして，強い，自立した個が集まり，刺激しあう「場」を企業が用意し，同時に従業員側からも自発的に多くの社内コミュニティが出来上がって，社内の人々の交流ができています。

頻繁なコミュニケーションも両社の共通点です。両社とも様々なコミュニ

ケーションを通して企業を取り巻く状況を「見える化」し，それによって自らの経営の方向性を周囲に示し，自らに経営の緊張感を持たせ，ステークホルダーの期待に応える体制を作っています。人的資本の開示も，この文脈に位置づけられます。

個を強くして，個と個をつなぐためのアプローチは企業によって異なります。それは，異なる企業文化，異なる企業戦略のもと，それぞれの人材マネジメント戦略が設定され，それに基づいた人材マネジメント施策が講じられるからです。

ソニーと構造計画研究所の人材マネジメントに対する考えにも多くの類似点がありました。それは，個人の自立を促すしくみや，役割をベースとした社員格付けの仕組み，自ら手を挙げて異なる仕事にチャレンジする仕組みなどに現れています。しかし当然のことながら，ビジネスや企業規模の違いから，１つひとつの進め方には企業の独自性が出ています。

個人レベルの人的資本は，組織レベルの人的資本として強化されていきます。両社とも，**組織レベルの人的資本の指標として組織エンゲージメントの状態をサーベイやアンケートなどの方法によって把握しています。**

この両社の一連の取り組みこそ，両社の人的資本経営のモデルといえそうです。これまでに説明した流れを，**図表６－３**に示します。

この章の最後として，両社の事例を通して筆者が考える，人的資本の測定と開示を検討する際の一般モデルも示しておきましょう（**図表６－４**）。

企業の存在意義の設定から，企業戦略を実現するための人材マネジメント戦略の設定までは図表６－３で説明した人的資本経営のモデルと同様です。

人材マネジメント戦略を設定するということは，企業が人材マネジメントのどの点に注力するかを設定することですので，そのための具体的な施策が決まり，その施策を講じた成果を何で測るかが決まります。これが人的資本を測定する指標の決定につながります。

本書で繰り返し述べているように，**人的資本の指標は企業ごとのカスタムメイドであるべき**です。しかしながら，「この指標だけは含めるべき指標は何か」

図表６－３　事例企業の人的資本経営のモデル

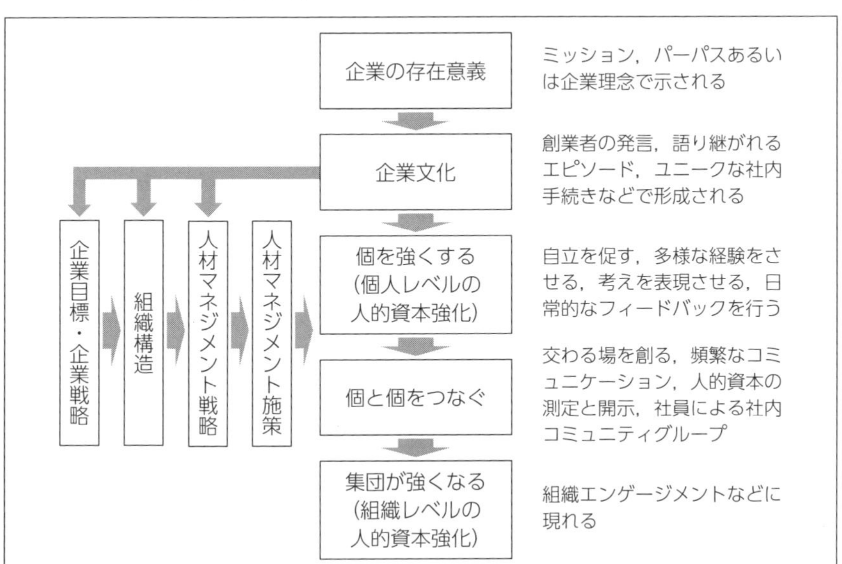

出所：筆者作成

という質問をよく受けます。そこで筆者の考えを敢えて述べるなら，それは「組織コミットメント」であると答えます。なぜならば，図表５－６（110頁）に示した通り，組織内外の環境や組織による様々な「打ち手」がそこで働く人々の心理面に影響を与え，それが組織コミットメントの程度を決め，結果的に人々の幸せや組織の業績，成長に結びつくと考えることができるからです。

適切な人的資本の開示は，株主や投資家の投資判断につながり，それが企業の目標や戦略に影響を与えます。人的資本が可視化すれば，それが人材マネジメント戦略や施策に影響を与えます。さらに，人的資本が地域社会に認識され，新たな株主や，新たな従業員が生まれるきっかけになるかもしれません。

このように**人的資本の測定と開示を中心として，株主・投資家，従業員，地域社会の行動がお互いに関連しあって影響を受けている**のです。

今回ご紹介した２社の事例や図表６－４に示したモデルを参考に，皆さんが

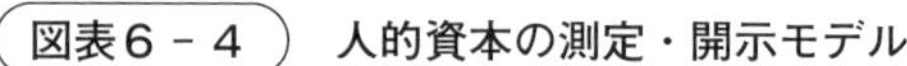
図表6－4　人的資本の測定・開示モデル

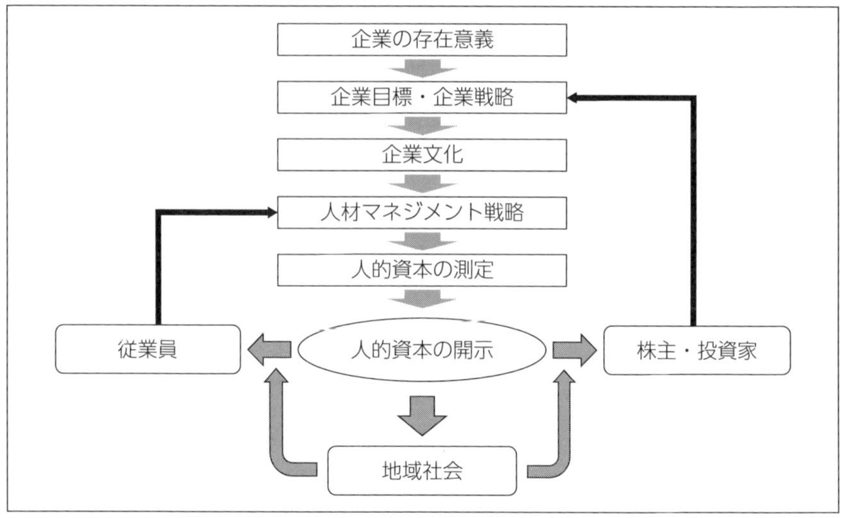

出所：筆者作成

それぞれの組織における人的資本経営のストーリーを描き，組織の持続的な成長に向けて取り組みがなされることを楽しみにしています。

あとがき

現在筆者が勤務する事業創造大学院大学は，200名近くの学生がMBA学位取得を目指して勉強をしています。学生のうちおよそ半数は海外からの留学生であり，残り半数は主に仕事をしながら学ぶ社会人大学院生です。そのほとんどが起業を目指して，新潟駅南口近くのキャンパス，あるいはオンライン受講制度を利用して東京駅近くのサテライトや県外の勤務先，自宅などで日々頑張っています。

起業を目指す学生は様々なアイデアを抱えて入学してくることが多いのですが，筆者はそんな彼ら彼女らに対して，なぜその会社を創るのか，なぜその商品やサービスなのか，なぜその打ち手なのかという質問を常に投げかけます。こうしたやり取りを通して，単なる「思いつき」ではなく，「ロジカルなアイデア」になっていくのです。

人的資本の測定と開示についても，同様のことがいえると思います。

本書で紹介した通り，人的資本は様々な角度から測定が可能です。その中でどの指標を測定し，開示すべきかは，単なる「思いつき」ではなく，「ロジカルなアイデア」であって欲しいのです。

読者の皆さんも，ぜひ本書を手元に置きながら，自社の存在価値，目指すべき姿，企業文化，企業戦略，組織構造，人材マネジメント戦略をつないで，そのチェーンをより太くつなぐにはどのような人材マネジメント施策が有効か，その成果を何で測るか，誰にどのように伝えるか，という視点から人的資本の測定と開示について検討いただければと思います。

本書の刊行にあたっては，非常に多くの方々から教えを受け，ご支援をいただきました。

まず，人的資本の測定について様々な議論をさせていただいた，BREEZE株式会社の代表取締役社長である滝本訓夫氏，同社コンサルタントの福田さやか氏にお礼を申し上げます。

滝本氏らは，人的資本の測定と開示が求められているなか，多くの企業において人事データが散逸しており，経営に活かすことすら難しい実情を問題として捉え，その改善に向けた検討を行っていました。

本書が出版される頃には，彼らが開発したサービスが世の中に出ていることと思います。埋もれた人事データを活用して人的資本経営につなげるという彼らの取り組みは大きな社会的意義があると思っています。

滝本氏がつないでくださったのが，本書で事例として紹介させていただいた，株式会社構造計画研究所の代表執行役会長である服部正太氏と同社執行役副社長の木村香代子氏です。

筆者が取材のために初めて同社を訪問した際，服部氏は筆者が以前勤務していたアメリカに本社のあるIT企業の文化について書かれた洋書をさりげなく携えていらっしゃいました。人を想う経営というのは，こうした日ごろからの目線が違うのだな，と教えていただきました。また木村氏は，本書の趣旨をとてもよくご理解くださり，より充実した内容になるようにと様々な社内資料をご提供くださいました。大変ありがとうございました。

内藤ホールディングス株式会社代表取締役社長の内藤眞氏には，内藤氏の古巣であるソニーグループ株式会社の執行役専務・安部和志氏と同社のHRコミュニティデザイン エキスパートである望月賢一氏につないでいただきました。安部氏ならびに望月氏とは，企業の人材マネジメントの考え方で共感する部分が非常に多く，取材の時間があっという間に過ぎてしまいました。この場をお借りして改めてお礼を述べたいと思います。

本書の執筆は，筆者が長年お世話になっている青山学院大学大学院の須田敏子教授に執筆のアイデアをもとにご相談したことから始まりました。須田先生は，今年３月に持続的成長をもたらす戦略人事をテーマとした著書（『持続的成長をもたらす戦略人事』共著，経団連出版）を発刊されており，筆者と関心テーマが重なることも多く，引き続き教えをいただきたいと考えています。

須田先生がつないでくださったのが，株式会社中央経済社の市田由紀子氏です。

市田氏は，当初筆者が考えていた構成について有益な助言をくださり，それによって書籍の方向性がより明確になりました。また，いかに読者の方が読みやすい内容にするかについてもアドバイスをくださり，最後まで辛抱強く編集の労をお取りいただきました。心より感謝いたします。

偶然にも市田氏は，私の大学院博士課程時代の恩師である，慶應義塾大学の八代充史教授のご担当でもありました。八代先生は本書の執筆を大変喜んでくださり，海外での研究準備にお忙しい中，本書の特にアカデミックな部分のチェックを快くお引き受けくださいました。誠にありがとうございました。

こうして振り返ってみると，本書が人とのつながりによって生まれた書だということが改めてわかります。

我が国における人的資本に関する議論は日々続いているため，世の中のすぐれた取り組みをすべて本書に反映できたわけではないかも知れません。しかしながら，長年議論が積み重ねられてきた諸外国の知見をできるだけ反映してあるため，十分ご参考としていただける内容になったと自負しています。

本書では伝えきれなかった諸点については今後の研究を通して触れていくということでご容赦いただき，この機会をお借りして，ここにお名前を紹介できなかった方々を含めすべての方々に対して改めて謝意を申し上げます。

私は物事にのめり込むと集中して取り組む特性があり，本書の執筆が決まってからは昼夜問わず空いている時間を見つけては執筆をしてきました。

最後に，平日に居を構える新潟から週末に東京の実家に戻っても相変わらず朝から晩まで執筆を続けている筆者を，その特性を理解してか，あるいは諦めてか，何もいわずに集中させてくれた家族に，感謝を伝えたいと思います。

2022年10月

東京の自宅にて

一守　靖

参考文献

［日本語文献］（著者50音順）

味の素グループ統合報告書（2020）

アダム・スミス（玉野井他訳）（1980）『国富論』中央公論新社。

荒金雅子（2013）『多様性を活かすダイバーシティ経営―基礎編』一般財団法人日本規格協会。

泉輝孝（2000）「職業能力の市場通用性に関する研究」『総合研究所所報』(8)，177-197.

一守靖（2016）『日本的雇用慣行は変化しているのか：本社人事部の役割』慶應義塾大学出版会。

江夏幾多郎・平野光俊（2012）「社員格付原理としての役割主義の機能要件：人事部の権限と体制に着目して」『組織科学』Vol.45 No.3，67-79.

経済産業省（2020）事務局説明資料（経営戦略と人事戦略）
https://www.meti.go.jp/shingikai/economy/kigyo_kachi_kojo/pdf/001_04_00.pdf

経済産業省経済産業政策局（2022）基礎資料，新しい資本主義実現本部事務局。

小池和男（1994）『日本の雇用システム』東洋経済新報社。

小池和男・猪木武徳編（2002）『ホワイトカラーの人材形成―日米英独の比較』東洋経済新報社。

厚生労働省（2021）「令和２年度能力開発基本調査」

厚生労働省（2021）「令和２年労働災害発生状況調査」

厚生労働省ホームページ 「『令和２年度個別労働紛争解決制度の施行状況』を公表します。」 https://www.mhlw.go.jp/stf/houdou/newpage_19430.html

産労総合研究所（2022）「2021年度 教育研修費用の実態調査」『企業と人材』2022年１月号。

柴田高（2006）「日本的経営研究におけるアベグレン的解釈の影響と限界」『東京経大学会誌』No.252，3-16.

須田敏子（2010）『戦略人事論』日本経済新聞出版社。

清家篤（2002）『労働経済』東洋経済新報社。

清家篤（2004）「年功賃金はどうなるか」『日本労働研究雑誌』No.525，26-29.

生命保険協会（2021）「生命保険会社の資産運用を通じた『株式市場の活性化』と

『持続可能な社会の実現』に向けた取組について」 https://www.seiho.or.jp/info/news/2021/20210416_4.html
大和総研（2021）「女性の育児休業取得率も，まだ４割程度」 https://www.dir.co.jp/report/column/20210426_01064.html
髙木晴夫（1995）『ネットワークリーダーシップ』日科技連出版社。
土屋直樹（2008）「企業内における不満，苦情への対応」『日本労働研究雑誌』No.581，pp.26-35.
都留康・阿部正浩・久保克行（2005）『日本企業の人事改革』東洋経済新報社。
東洋経済新報社（2022）「社員と役員の『年収格差』が大きいトップ500社」 https://toyokeizai.net/articles/-/503727
戸田淳仁（2010）「職種経験はどれだけ重要になっているのか」『日本労働研究雑誌』No.594，pp.5-19.
富野壽（2009）『いつでも夢を　あるエンジニアリング企業の半世紀』文藝春秋。
内閣府（2021）「賃金・人的資本に関するデータ集」 https://www.cas.go.jp/jp/seisaku/atarashii_sihonsyugi/kaigi/dai3/shiryou1.pdf
中村健一（1993）「日本的雇用慣行と特殊人的資本再考―新たな理論へ向けての覚書」『商学討究』43(3)，369-385.
中村豊（2018）日本企業のダイバーシティ&インクルージョンの現状と課題．高千穂論叢，53(2)，21-99.
日本経済新聞「取締役平均59.5歳　日本企業 新規上場で若返り，米より低く」2018年４月８日朝刊
日本経済新聞「社長の給料，日米で16倍差　米国平均は23億円」2021年６月27日朝刊
日本経済新聞「人への投資開示に４基準　政府案，価値向上や独自性」2022年６月18日
認定NPO法人虹色ダイバーシティホームページ　https://nijiirodiversity.jp/
野中郁次郎（2007）「イノベーションの本質―知識創造のリーダーシップ―」『学術の動向』12(5)，60-69.
野中郁次郎・竹内弘高（2020）『知識創造企業（新装版）』東洋経済新報社。
服部泰宏（2020）『組織行動論の考え方・使い方―良質のエビデンスを手にするために』有斐閣。
樋口美雄（2001）『人事経済学』生産性出版。
久本憲夫（1999）「技能の特質と継承」『日本労働研究雑誌』468，2-10.

平野光俊（2010）「戦略的パートナーとしての日本の人事部―その役割の本質と課題」『神戸大学大学院経営学研究科ディスカッションペーパー』2010-20.

松山一紀（2005）『経営戦略と人的資源管理』白桃書房。

八代充史（2011）「管理職への選抜・育成から見た日本的雇用慣行」『日本労働研究雑誌』No.606，20-29.

八代尚宏（1997）『日本的雇用慣行の経済学』日本経済新聞出版社。

八代尚宏（1998）『人事部はもういらない』講談社。

山本勲（2014）『上場企業における女性活用状況と企業業績の関係―企業パネルデータを用いた検証―』経済産業研究所。

吉田寿（2016）『日本企業におけるエイジダイバーシティ』商工ジャーナル。

労政時報（2012）「懲戒処分の発生件数と実際例」第3829号，29-35.

［英語文献］

Abegglen, C. J. (1958). *The Japanese Factory: Aspects of its Social Organization*, (山岡洋一訳（1958）『日本の経営』ダイヤモンド社)

Ackerman, P. L., & Heggestad, E. D. (1997). Intelligence, personality, and interests: Evidence for overlapping traits. *Psychological Bulletin*, 121: 219-245.

Adams, J. S. (1965). Inequity in social exchange. In L. Berkowitz (Ed.), *Advances in experimental social psychology*. New York: Academic Press.

Adner, R., & Zemsky, P. (2006). A demand-based perspective on sustainable competitive advantage. *Strategic Management Journal*, 27, 215-239.

Almlund, M., Duckworth, A. Heckman, J. and T. Kautz (2011), "Personality Psychology and Economics", *NBER Working Paper*, 16822, Cambridge, MA.

Amir, E. and Lev, B. (1996). Value-relevance of nonfinancial information: the wireless communication industry, *Journal of Accounting and Economics*, 22(1-3), 3-30.

Ancona, D., & Chong, C. (1996). Entrainment: Pace, cycle, and rhythm in organizational behavior. *Research in Organizational Behavior*, 19: 251-284.

Barney, J. B. (1986). Strategic factor markets: Expectations, luck, and business strategy. *Management Science*, 32: 1231-1241.

Barney, J. B. (1991). Firm resources and sustained competitive advantage. *Journal of Management*, 17: 99-120.

Barney, J. B., & Wright, P. M. (1998). On becoming a strategic partner: The role of human resources in gaining competitive advantage. *Human Resource Management*, 37: 31-46.

Barron, F., & Harrington, D. M. (1981). Creativity, intelligence, and personality. *Annual review of psychology*, 32(1), 439-476.

Barsade, S. G., & Gibson, D. E. (1998). Group emotion: A view from top and bottom. In D. H. Gruenfeld, B. Mannix, & M. Neale (Eds.), *Composition: Research on managing groups and teams*, vol. 1: 81-102. Stamford, CT: JAI Press.

Beal, D. J., Cohen, R. R., Burke, M. J., & McLendon, C. L. (2003). Cohesion and performance in groups: A meta-analytic clarification of construct relations. *Journal of Applied Psychology*, 88: 989-1004.

Becker, Gary, S. (1975). *Human Capital*, Chicago and London, The University of Chicago Press（佐野陽子訳（1976）『人的資本』東洋経済新報社）

Becker, B. E., & Huselid, M. A. (1998). High performance work systems and firm performance: A synthesis of research and managerial implications. *In Research in personnel and human resources management.*

Becker, B. E, Huselid, M. E. and Ulrich, D. (2001). *The HR Scorecard: Linking People, Strategy and Performance*, Cambridge, Mass: Harvard University Press.（菊田良治訳（2002）『HRスコアカード』日経BP）

Beer, M., Spector, B., Lawrence, R. P., Mills, Q. D. and Walton, E. R. (1984). *Managing Human Assets,* The Free Press（梅津祐良・水谷栄二訳（1990）『ハーバードで教える人材戦略』日本生産性本部）

Bell, B. and Kozlowski, S. (2008). 'Active learning: effects of core training design elements on self-regulatory processes, learning, and adaptability'. *The Journal of Applied Psychology*, 93: 2, 296-316.

Boudreau, J. W., & Ramstad, P. M. (2005). Talentship and the evolution of human resource management: From professional practices to strategic talent decision science. *Human Resource Planning Journal*, 28(2), 17-26.

Boyatzis, R. E. (1982). *The Competency Manager: A Model for Effecitive Performance*, Wiley.

Boxall, P., & Purcell, J. (2003). *Strategy and human resource management.* Hampshire, England: Palgrave Macmillan.

Bukh, P. N., Larsen, H. T. and Mouritsen, J. (2001). Constructing intellectual capital statements, *Scandinavian Journal of Management*, 17(1), 87-108.

Buyens, D., & De Vos, A. (2001). Perceptions of the value of the HR function. *Human resource management journal*, 11(3), 70-89.

Carpenter, M. A, Sanders, G. W. and Gregerson, H. B. (2001). 'Bundling human capital with organizational context: the impact of international assignment experience on multinational firm performance and CEO pay'. *The Academy of Management Journal*, 44: 3, 493-511.

Chandler, A. D. (1962). *Strategy and structure: Chapters in the history of American industrial enterprise*. London, England: MIT Press.

Christensen,R. (2006). *Roadmap to strategic HR: Turning a great idea into a business reality*, American Management Association.

Crook T. R., Todd S. Y., Combs J. G., Woehr D. J., David J. Ketchen (2011). Does human capital matter? A meta-analysis of the relationship between human capital and firm performance. *The Journal of Applied Psychology*, 96(3): 443-456.

Daft, L. R. (2001). *Essentials of Organization Theory & Design*, South Western College（高木晴夫訳（2002）『組織の経営学』ダイヤモンド社)。

Danish Ministry of Sciences Technology and Innovation. (2003). *Intellectual Capital Statements - the New Guideline*, Copenhagen.

Datta, D. K., Guthrie, J. P., & Wright, P. M. (2005). Human resource management and labor productivity: Does industry matter? *Academy of Management Journal*, 48, 135-145.

Delaney, J., & Huselid, M. (1996). The impact of human resource practices on perceptions of organizational performance. *Academy of Management Journal*, 39, 949-969.

Dess, G. D. & Picken, J. C. (1999). *Beyond productivity: How leading companies achieve superior performance by leveraging their human capital*. New York: American Management Association.

Devanna, M. A., Fombrun, C. J., & Tichy, N. M. (1984). Chapter 3: A Framework for Strategic Human Resource Management, *Strategic Human Resource Management*, 33-51. New York: Wiley.

Dewett, T. (2007). "Linking Intrinsic Motivation, Risk Taking, and Employee Creativity in an R&D Environment", *R&D Management* 37(3), 197-208.

Dierickx, I., & Cool, K. (1989). Asset stock accumulation and sustainability of competitive advantage. *Management Science*, 35: 1504-1511.

Dulebohn, J. H., Bommer, W. H., Liden, R. C., Brouer, R. L., & Ferris, G. R. (2012). A meta-analysis of antecedents and consequences of leader-member exchange: Integrating the past with an eye toward the future. *Journal of management*, 38 (6), 1715-1759.

Eisenhardt, K. M., & Martin, J. A. (2000). Dynamic capabilities: What are they? *Strategic Management Journal*, 21: 1105-1121.

Elias, J., & Scarbrough, H. (2004). Evaluating human capital: an exploratory study of management practice. *Human resource management journal*, 14(4), 21-40.

Eysenck, H. J. (1994). The measurement of creativity. *Dimensions of creativity*, 199-242.

Feist, G. (1998). "A Meta-Analysis of Personality in Scientific and Artistic Creativity", *Personality and Social Psychology Review* 2 (4), 290-309.

Fitz-Enz, J. (2000). *The ROI of Human Capital: Measuring the Economic Value of Employee Performance*, New York: Amacom.（田中公一訳（2010）『人的資本のROI』生産性出版）

George, J. M. (1990). Personality, affect, and behavior in groups. *Journal of Applied Psychology*, 75: 107-116.

Graen, G. B., & Uhl-Bien, M. (1995). Relationship-based approach to leadership: Development of leader-member exchange (LMX) theory of leadership over 25 years: Applying a multi-level multi-domain perspective. *The leadership quarterly*, 6 (2), 219-247.

Grant, R. M. (1991). The resource-based theory of competitive advantage: Implications for strategy formulation. *California Management Review*, 33(3): 114-135.

Grant, R. M. (1996). Prospering in dynamically-competitive environments: Organizational capability as knowledge integration. *Organization Science*, 7, 375-387.

Griliches, Z. (1970). Notes on the role of education in production functions and growth accounting, in: Hansen, L. (Ed.), "*Education, Income, and Human Capital*", NBER, Cambridge, 71-115.

Guest, D. E. (1997). Human resource management and performance: A review and research agenda. *The International Journal of Human Resource Management*, 8, 263-276.

Guthrie, J. and Petty, R. (2000). "*Are companies thinking smart?*", Australian CPA, July, 62-65.

Hackman, J. R. (1987). The design of work teams. In J. Lorsch (Ed.), *Handbook of organizational behavior*: 315-342. Englewood Cliffs, NJ: Prentice-Hall.

Hambrick, D. C. (2003). Why are some people more knowledgeable than others? A longitudinal study of knowledge acquisition. *Memory & Cognition*, 31: 902-917.

Hartog, D. N., Boon, C., Verburg, R. M., & Croon, M. A. (2013). HRM, communication, satisfaction, and perceived performance: A cross-level test. *Journal of Management*, 39, 1637-1665.

Hayton, J. C. (2003). Strategic human capital management in SMEs: An empirical study of entrepreneurial performance. *Human Resource Management Journal*, 42, 375-391.

Helfat, C. E., & Peteraf, M. A. (2003). The dynamic resource based view: Capability lifecycles. *Strategic Management Journal*, 24: 997-1010.

Helfat, C. E., Finkelstein, S., Mitchell, W., Peteraf, M. A., Singh, H., Teece, D. J., & Winter, S. G. (2007). *Dynamic capabilities: Understanding strategic change in organizations*. Malden, MA: Blackwell.（谷口和弘・蜂巣旭・川西章弘訳）(2010)『ダイナミック・ケイパビリティ―組織の戦略変化』勁草書房

Hermanson, R. (1964). *Accounting for Human Assets*, Michigan: Michigan State University, Bureau of Business and Economic Research.

Herzberg, F., Mausner, B., Snyderman, B. B., (1959). *The Motivation to Work*, John Wiley & Sons; 2nd edition

Hitt, M. A, Bierman, L, Shimizu, K. and Kochar, R. (2001). 'Direct and moderating effects of human capital on strategy and performance in professional service firms: a resource based perspective'. *Academy of Management Journal*, 44: 1, 13-28.

Hunter, J. E. (1983). A causal analysis of cognitive ability, job knowledge, job performance, and supervisor ratings. In F. Landy, S. Zedeck, & J. Cleveland (Eds.), *Performance measurement and theory*: 257-266. Routledge.

Huselid, M. A. (1995). The impact of human resource management practices on turnover, productivity, and corporate financial performance. *Academy of Management Journal*, 38, 635-672

ISO (2018) *Human resource management—Guidelines for internal and external human capital reporting*, 1st Edition.

Jackson, S. E., Schuler, R. S., & Rivero, J. C. (1989). Organizational Characteristics as Predictors of Personnel Practices. *Personnel Psychology*, 42, 727-786.

Jackson, S. E., Schuler, R. S., & Jiang, K. (2014). An aspirational framework for strategic human resource management. *The Academy of Management Annals*, 8 (1), 1-56.

Jacoby, S. M. (2005). *The Embedded Corporation: Corporate Governance and Employment Relations in Japan and the United States*, Princeton University Press（鈴木良始・伊藤健市・堀龍二訳（2005）『日本の人事部・アメリカの人事部―日米企業のコーポレート・ガバナンスと雇用関係』東洋経済新聞社）

Jensen, A. R. (1998). *The G Factor: The Science of Mental Ability*, Westport, CT: Praeger.

Jiang, K., & Messersmith, J. (2018). On the shoulders of giants: A meta-review of strategic human resource management. *The International Journal of Human Resource Management*, 29(1), 6-33.

Kanfer, R. (1990). Motivation theory and industrial/organizational psychology. In M. D. Dunnette & L. Hough (Eds.), *Handbook of industrial and organizational psychology*, vol. 1: 75-170. Palo Alto, CA: Consulting Psychologists Press.

Katz, D., & Kahn, R. L. (1978). Organizations and the system concept. *Classics of organization theory*, 80, 480.

King, L. A., Walker, L. M., & Broyles, S. J. (1996). Creativity and the five-factor model. *Journal of research in personality*, 30(2), 189-203.

Korsgaard, M. A., Schweiger, D. M., & Sapienza, H. J. (1995). Building commitment, attachment, and trust in strategic decision-making teams: The role of procedural justice. *Academy of Management Journal*, 38: 60-84.

Kozlowski, S. W. J., & Ilgen, D. R. (2006). Enhancing the effectiveness of work groups and teams. *Psychological Sciences in the Public Interest*, 7: 77-124.

Lado, A. A., & Wilson, M. C., (1994). Human Resource Systems and Sustained Competitive Advantage: A Competency-based Perspective. *Academy of Management Review*, 19(4), 699-727.

Leadbeater, C. (2000). *New Measures for the New Economy: A Discussion Paper for the Institute of Chartered Accountants in England and Wales*, London: ICAEW.

LeBlanc, P. V, Mulvey, P. W. and Rich, J. T. (2000). 'Improving the return on human capital: new metrics'. *Compensation and Benefits Review*, January 2000, 32: 1, 13-20.

Lepak, D. P. & Snell, S. A. (1999). The human resource architecture: Toward a theory of human capital allocation and development. *Academy of Management Review*, 24, 31-48.

Levenson, A. (2005). Harnessing the Power of HR Analytics. *Strategic HR Review*.

Lev, B. and Zarowin, P. (1999). The boundaries of financial reporting and how to extend them, *Journal of Accounting Research*, 37(2), 353-385.

Liden, R. C., & Maslyn, J. M. (1998). Multidimensionality of leader-member exchange: An empirical assessment through scale development. *Journal of management,* 24(1), 43-72.

Locke, E. A. (1968). Toward a theory of task motivation and incentives. *Organizational behavior and human performance*, 3 (2), 157-189.

Lynn L. K. Lim, Christopher C. A. Chan, Peter Dallimore. (2010). Perceptions of Human Capital Measures: From Corporate Executives and Investors, *Journal of Business and Psychology*, 25(4): 673-688.

MacDuffie, J. P. (1995). Human Resource Bundles and Manufacturing Performance: Organizational Logic and Flexible Production Systems in the World Auto Industry. *Industrial & Labor Relations Review*, 482(2), 197-221.

Mahoney, J. T. (1995). The management of resources and the resource of management. *Journal of Business Research*, 33: 91-101.

Malhotra, Y. (2000). Knowledge assets in the global economy: Assessment of national intellectual capital. *Journal of Global Information Management*, 8, 5-15.

Maslow, A. H. (1954). *Motivation and Personality*, New York: Harper & Row.

Meyer, E. (2015). *The Culture Map - Decoding how people think, lead, and get things done across cultures*, International edition, Public Affairs, New York. (田岡恵・樋口武志訳（2015）『異文化理解力―相手と自分の真意がわかる ビジネスパーソン必須の教養』英治出版)

Meyer, J. P., & Allen, N. J. (1997). *Commitment in the workplace: Theory, research, and application*. Sage publications.

Meyer, J. P., Allen, N. J., & Smith, C. A. (1993). Commitment to organizations and occupations: Extension and test of a three-component conceptualization. *Journal of Applied Psychology*, 78(4), 538-551.

McClelland, D. C., (1961). *The Achieving Society*, New York: Van Nostrand Reinhold.

McGregor, D. (1960). *The Human Side of Enterprise*, New York: McGraw-Hill.

McKelvey, B. (1982). *Organizational Systematics: Taxonomy, Evolution and Classification*. Berkeley, CA: University of California Press.

Messersmith, J. G., Patel, P. C., Lepak, D. P., & Gould-Williams, J. S. (2011). Unlocking the black box: Exploring the link between high-performance work systems and performance. *Journal of Applied Psychology*, 96, 1105-1118.

Miller, R. and Wurzburg, G. (1995). 'Investing in human capital', *The OECD Observer*, 193, 16-19.

Miles, R. E., & Snow, C. C. (1978). *Organizational Strategy, Structure, and Process*, McGraw-Hill, Inc.（土屋守章・内野崇・中野工訳（1983）『戦略型経営―戦略選択の実践シナリオ―』ダイヤモンド社）

Miles, R. E., & Snow, C. C. (1984). Designing Strategic Human Resources Systems. *Organizational Dynamics*, Summer, 36-52.

MITSUI CHEMICALS REPORT (2021), 三井化学株式会社。

Mouritsen, J., Bukh, P. N. and Marr, B. (2004). "Reporting on intellectual capital: why, what and how?", *Measuring Business Excellence*.

Nagaoka, S., Walsh, J. (2009). "Who invents? Evidence from the Japan & US inventor survey", *RIETI Discussion Papers*, 09-E-034.

Newbert, S. (2007). Empirical research on the resource-based view of the firm: An assessment and suggestions for future research. *Strategic Management Journal*, 28, 121-146.

Nishii, L. H., & Wright, P. (2008). Variability within organizations: Implications for strategic human resource management. In D. B. Smith (Ed.), *The people make the place* (pp.225-248). Mahwah, NJ: Lawrence Erlbaum Associates.

Nyberg, A. J., Moliterno, T. P., Hale Jr, D., & Lepak, D. P. (2014). Resource-based perspectives on unit-level human capital: A review and integration. *Journal of Management*, 40(1), 316-346.

OECD (2001), *The Well-being of Nations: The Role of Human and Social Capital*, OECD Publishing.

Oldham, G. R. (2003). Stimulating and supporting creativity in organizations. In S. E. Jackson, M. A. Hitt, & A. S. DeNisi (Eds.), *Managing knowledge for sustained competitive advantage*: 243-273. San Francisco: Jossey-Bass.

O'Reilly, A. C. and Pfeffer, J (2000). *Hidden Value: How Great Companies Achieve Extraordinary Results with Ordinary People*, Harvard College（廣田里子・有賀裕子訳（2002）『隠れた人材価値』翔泳社）

Penrose, E. (1959). *The theory of the growth of the firm* (3rd ed.). New York: Oxford University Press.

Peteraf, M. A. (1993). The cornerstones of competitive advantage: A resource-based view. *Strategic Management Journal*, 14: 179-191.

Pfeffer, J. and Sutton I. R. (2006). *Hard Facts, Dangerous Half-Truths, and Total Nonsense: Profiting from Evidence-based Management*, Harvard Business Review Press（清水勝彦訳（2009）『事実に基づいた経営―なぜ「当たり前」ができないのか？』東洋経済新報社）

Ployhart, R. E. and Moliterno, T. P. (2011). 'Emergence of the human capital resource: a multilevel model. *Academy of Management Review*, 36(1), 127-150.

Porter, M. E. (1980). *Competitive Strategy*. New York: Free Press, 34-46.

Robbins, P. S. (1997). *Essentials of Organizational Behavior*, Prentice Hall International, Inc.（髙木晴夫訳（2009）『新版：組織行動のマネジメント』ダイヤモンド社）

Roberts, B. W., Harms, P., Smith, J. L., Wood, D., & Webb, M. (2006). Using Multiple Methods in Personality Psychology. In M. Eid & E. Diener (Eds.), *Handbook of Multimethod Measurement in Psychology*, 321-335.

Runco, M. (1991). *Divergent Thinking*, Ablex Publishing, Norwood, NJ.

Sauerman, H. and W. Cohen (2010). "What Makes Them Tick? Employee Motives and Firm Innovation", *Management Science*, 56(12), 2134-2153.

Schuler, R. S. (1990). Repositioning the human resource function: transformation or demise?, *Academy of Management Executive*, 4: 3, 49-60.

Schultz, T. (1961). 'Investment in human capital'. *American Economic Review*, 51: 1, 1-17.

Schmidt, F. L. and Hunter, J. E. (1998). 'The validity and utility of selection methods in personnel psychology: practical and theoretical implications of 85 years of research findings'. *Psychological Bulletin*, 124: 262-274.

Sirmon, D. G., Hitt, M. A., & Ireland, R. D. (2007). Managing firm resources in dynamic environments to create value: Looking inside the black box. *Academy of Management Review*, 32: 273-291.

Skaggs, B. C., & Youndt, M. (2004). Strategic positioning, human capital, and performance in service organizations: A customer interaction approach. *Strategic management journal*, 25(1), 85-99.

Spencer, L. M., & Spencer, P. S. M. (1993). *Competence at Work models for superior performance*. John Wiley & Sons.（梅津祐良・横山哲夫・成田攻訳（2001）『コンピテンシー・マネジメントの展開—導入・構築・活用』生産性出版）

Starovic, D. and Marr, B. (2003). Understanding Corporate Value: Measuring and Reporting Intellectual Capital, *Chartered Institute of Management Accountants*, London.

Sung, S. and J. Choi (2009). Do big five personality factors affect individual creativity? The moderating role of extrinsic motivation, *Social Behavior and Personality* 37(7), 941-956.

Sveiby, K. E. (2001). A knowledge-based theory of the firm to guide in strategy formulation. *Journal of intellectual capital*.

Takeuchi, R., Lepak, D. P., Wang, H., & Takeuchi, K. (2007). An empirical examination of the mechanisms mediating between high-performance work systems and the performance of Japanese organizations. *Journal of Applied Psychology*, 92(4), 1069.

Teece, D. J. (1982). Towards an economic theory of the multiproduct firm. *Journal of Economic Behavior & Organization*, 3: 39-63.

Teece, D. J. (2007). Explicating dynamic capabilities: The nature and microfoundations of (sustainable) enterprise performance. *Strategic Management Journal*, 28: 1319-1350.

Tichy, N. M., Fombrun, C. J. and Devanna, M. A. (1982). Strategic human resource management, *Sloan Management Review*, 23:2, 47-61.

Tomer, J. E. (1987). *Organizational capital: The path to higher productivity and well-being*. New York: Praeger.

Ulrich, D. (1998). 'Intellectual Capital = Competence × Commitment'. *Sloan Management Review*, Winter 1998, 51: 1, 15-26.

Ulrich, D. and Brockbank, W. (2005). *The HR Value Proposition*, Harvard Business School Press.

Van Marrewijk, M., & Timmers, J. (2003). Human capital management: New possibilities in people management. *Journal of Business Ethics*, 44, 171-184.

Vroom, V. H. (1964). *Work and motivation.* New York: Wiley.

Walker, J. (1978). Linking human resource planning and strategic planning. *Human Resource Planning,* 1, 1-18.

Wernerfelt, B. (1984). A resource-based view of the firm. *Strategic Management Journal,* 5: 171-180.

Wood, S., & Wall, T. D. (2002). Human resource management and business performance. In P. Warr (Ed.), *Psychology at work,* 351-374, London: Penguin.

Wright, P. M., Dunford, B. B., & Snell, S. A. (2001). Human resources and the resource-based view of the firm. *Journal of management,* 27(6), 701-721.

Wright, P. M., & McMahan, G. C. (1992). Theoretical Perspectives for Strategic Human Resource Management. *Journal of Management,* 18(2), 295-320.

Wright, P. M., McMahan, G. C., & McWilliams, A. (1994). Human resources and sustained competitive advantage: A resource-based perspective. *International Journal of Human Resource Management,* 5: 301-326.

Wright, P. M., McMahan, G. C., McCormick, B. & Sherman, W. S. (1997). Strategy, core competence and HR involvement as determinants of HR effectiveness and refinery performance, *CAHRS Working Paper* #97-16

Wright, P. M., McMahan, G. C. (2011). Exploring human capital: putting human back into strategic human resource management, *Human Resource Management Journal,* 21(2), 93-104.

Wright, P. M., & Snell, S. A. (1991). Toward an Integrative View of Strategic Human Resource Management. *Human Resource Management Review,* 1(3), 203-225.

Youndt, M. A., & Snell, S. A. (2004). Human resource configurations, intellectual capital, and organizational performance. *Journal of Managerial Issues,* 3: 337-360.

Zwick, Thomas; Frosch, Katharina; Hoisl, Karin; Harhoff, Dietmar (2015). The power of individual-level drivers of inventive performance, *ZEW Discussion Papers,* No.15-080, Zentrum für Europäische Wirtschaftsforschung (ZEW), Mannheim,

索　引

英　数

あ　行

か　行

さ　行

た　行

な　行

は 行

ま　行

や　行

ら　行

わ　行

[著者紹介]

一守　靖（いちもり やすし）

事業創造大学院大学 事業創造研究科教授。
慶應義塾大学経営学修士（MBA），同大学博士（商学）。
国内上場企業のほか，日本ヒューレット・パッカード，シンジェンタジャパン，ティファニー・アンド・カンパニー・ジャパン，日本NCR，bitFlyerにて人事・総務部門の責任者を歴任。現在，法政大学経営大学院イノベーション・マネジメント研究科兼任講師，富山大学大学院経済学研究科非常勤講師，ピープルマネジメント研究所代表。
主要業績に，『ベンチャリングの組織論』（共著，PHP研究所，2002年），『日本的雇用慣行は変化しているのか』（単著，慶應義塾大学出版会，2016年），「人事部機能の集権化・分権化の方向性とその課題：日系企業と外資系企業の比較から」（単著，『日本労働研究雑誌』，2018），「従業員は職場に戻るのか―ベンチャー企業Ａ社の事例を通した考察―」（単著，『産業・組織心理学研究』，2021）など。

人的資本経営のマネジメント
■人と組織の見える化とその開示

2022年11月1日　第1版第1刷発行
2023年8月20日　第1版第4刷発行

著者　一守　靖
発行者　山本　継
発行所　㈱中央経済社
発売元　㈱中央経済グループパブリッシング

〒101-0051　東京都千代田区神田神保町1－35
電話　03（3293）3371（編集代表）
03（3293）3381（営業代表）
https://www.chuokeizai.co.jp
印刷／㈱堀内印刷所
製本／㈲井上製本所

© 2022
Printed in Japan

＊頁の「欠落」や「順序違い」などがありましたらお取り替えいたしますので発売元までご送付ください。（送料小社負担）

ISBN978-4-502-44351-0　C3034

JCOPY〈出版者著作権管理機構委託出版物〉本書を無断で複写複製（コピー）することは，著作権法上の例外を除き，禁じられています。本書をコピーされる場合は事前に出版者著作権管理機構（JCOPY）の許諾を受けてください。
JCOPY〈https://www.jcopy.or.jp　eメール：info@jcopy.or.jp〉

好評既刊

◎ジョブ型雇用とはどのようなものなのか、メリット・デメリットは何か、何が変わるのかなど、多面的に迫る

ジョブ型vsメンバーシップ型

—日本の雇用を展望する

慶應義塾大学産業研究所HRM研究会 編
清家 篤・濱口 桂一郎・中村 天江・
植村 隆生・山本 紳也・八代 充史 著

四六判・並製・296頁

＜目次＞

序　章　本書の企画趣旨
第1章　ジョブ型雇用の経済分析
第2章　ジョブ型vsメンバーシップ型と労働法
第3章　日本的ジョブ型雇用
　　　　—人材起点の日本企業が選んだカタチ—
第4章　国家公務員制度とジョブ型vsメンバーシップ型
第5章　コンサルタントが現場目線でみた
　　　　ジョブ型vsメンバーシップ型
終　章　本書のまとめ

中央経済社